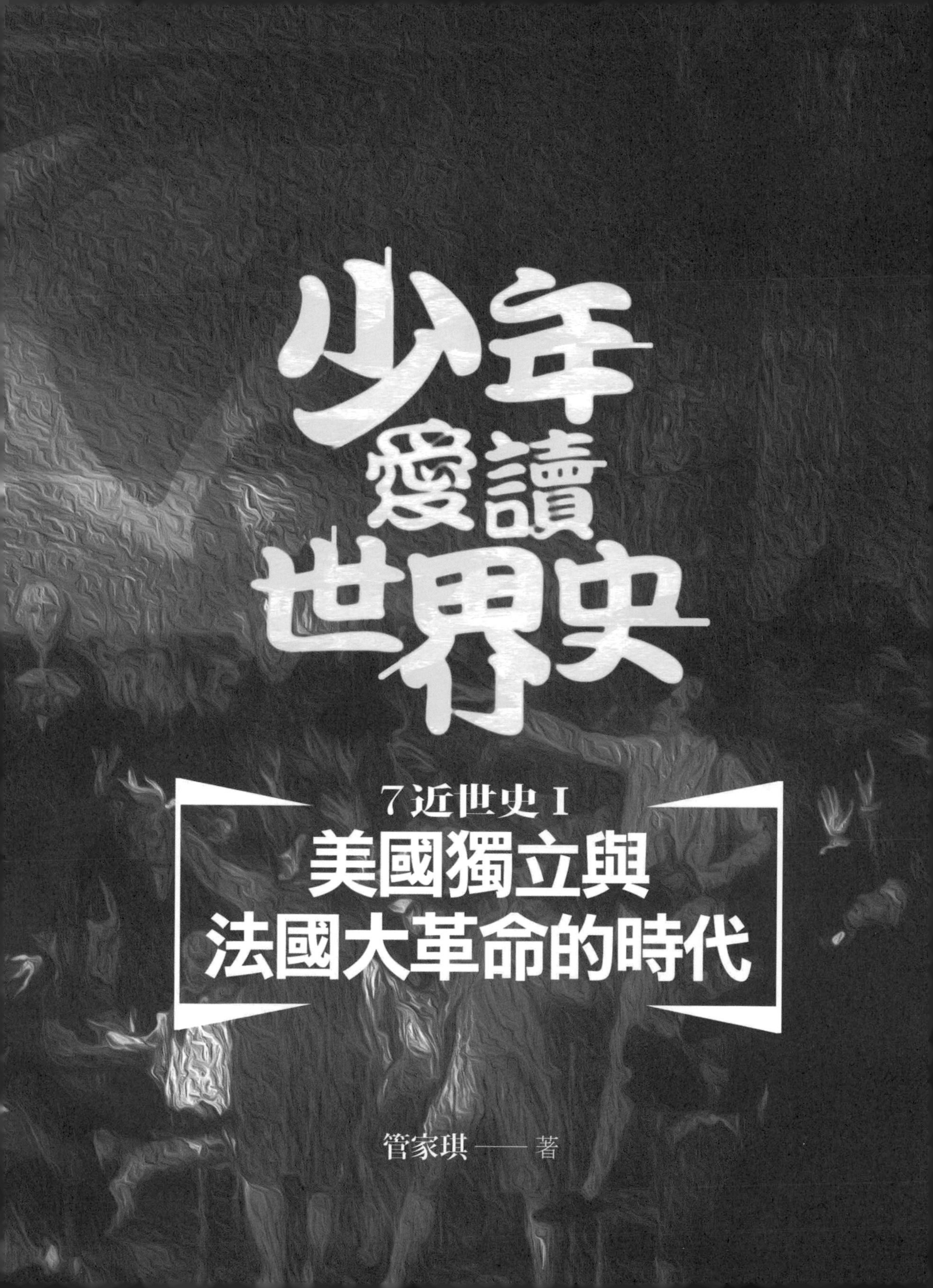

少年愛讀世界史

7近世史 I

美國獨立與法國大革命的時代

管家琪——著

總序

為什麼我們要讀世界史？

管家琪

也許你會遇上這樣一個朋友：她特別好強，成績一直名列前茅，對自己和周圍的人都有些苛刻，可是對小動物和大自然卻有著純粹的愛心。也許你會好奇，她的家是什麼樣子？她的爸爸媽媽是做什麼的？又是怎麼教育她的？為什麼她會在如此熱愛大自然的同時，對人似乎總是不大友善。

也許你又遇上另一個朋友：他比較文靜，平時很少主動說話，下課時間總是趴在桌上睡覺，你知道他住得挺遠，放學後總是一個人坐著公車離開。也許你會好奇，為什麼他會到這麼遠的地方來上學？當初這是他爸爸媽媽還是他自己的意思？現在他們全家又是怎麼看待這個決定？

也許你還遇上一個朋友：她為人隨和，很少和大家在一起哄鬧，也很少有什麼強烈的意見，從來不會刻意要求什麼，身邊總有幾個朋友，但是真正算得上深交的好像又沒幾個。也許你會好奇，她的過去是什麼樣子？在她的成長之路上有沒有發生過什麼特別的事？為什麼她似乎總是很難真正對別人敞開心扉，似乎總是與人保持著一定的距離？

如果我們不了解一個人的成長背景，包括生活的經歷，便無法明白一個人為什麼會成為現在這個模樣。單獨一個人是如此，由許多人所組成的社會、民族、國家，以及文明，也是如此。

這個世界在我們到來之前，已經存在了很長很長的時間。各個民族與文化，在不同的地理環境中，自然而然的成長，經歷過不同的世事變遷，孕育著他們各自對世界的理解，然後漸漸成為我們今天所認識的各個國家。過去的人，他們所經歷的過去事，透過文物證據與文獻記載所留下的寶貴資料，再經由後人的發掘、考證與解讀，就成了我們今天所看到的歷史。

總之，如果不了解歷史，我們便無法明白世界為什麼會成為現在這個模樣；而如果不了解世界現在的模樣，我們便難以給這個世界塑造一個更理想的未來。

這套【少年愛讀世界史】所講述的範圍是整個世界，而不是某一個地區、民族或國家。在西元二十世紀六十年代以前，以個別民族國家作為歷史研究的單元（比如說中國史、英國史、法國史等等），一直被認為是最合適的方式，那麼，為什麼現在我們需要從整體世界的角度來講述歷史呢？

這是因為到了二十一世紀，我們需要一個全球化的視角與觀點。隨著時代的變化，尤其是網路的發展與全球性移民不再是特殊現象以後，人與人之間的交流益發頻繁。現代的居民、不管是住在哪裡的居民，也比過去更容易在生活中遇見與自己截然不同歷史文化背景的鄰居。過去在很長一段時間之內，用來區隔人與人的民族、國家等社會學的邊界概念已逐漸被沖淡，一個嶄新的、以全人類為背景的人類文化正在逐漸形成。

同時，與二十世紀末一派樂觀的地球村情緒不同，二十一世紀的我們，正面臨著全球化在城市與鄉鎮發展極為不平均的困境。在當今保守主義的右傾與排外思潮的崛起下，如何平衡多元文化與傳統文化的衝突，也是二十一世紀世界史所需要思考的問題。

所以我們應該讀世界史，而且需要有系統的、順著時間脈絡來讀世界史。這就是這套【少年愛讀世界史】的特色，這套書側重西洋史，但也會不時呼應、對照同一時期的中國史；這套書注重時間感，也注重人物，因為歷史本來就是「人的故事」，而且注重從多角度來呈現一件件重要的史實。

最後，感謝字畝文化，讓我有機會來做這樣一個極有意義的工作。也感謝老友伯理，給了我極大的協助，讓我能順利完成這套世界史。

目次

第一章 民族國家的興起與爭霸

西元十六、十七世紀，是歐洲的大動亂時期——
各地民族國家紛紛崛起，且因擴張勢力而彼此衝突，
而以往作為仲裁權威的教會或神聖羅馬帝國，已經失去力量，
最後，一場全歐洲的大混戰爆發，
也就是歐洲近代史中影響深遠的「三十年戰爭」……

從這一卷開始，我們要進入近世史。這一卷我們主要將介紹西元第十六至十八世紀這個階段的歷史。

首先要講述的便是民族王國的興起。

1 民族王國的興起

從西元第十六世紀初至十七世紀中葉，是歐洲歷史上少有的大動亂時期之一。造成大動亂的根本原因在於，儘管一統帝國和一統教會的理想並未消亡，然而現實情況卻是神聖羅馬帝國已經虛有其表，羅馬教廷的聲威也大不如前，無論是從政治或是精神層面來看，整個歐洲都不再擁有過去那種權威的裁決力量。

與此同時，從中古世紀後期隨著封建制度的式微，便已開始發展的民族王國（也就是後來所謂的民族國家），成為國際政治的主力，其中以西班牙、英國和法國最為典型。

這些民族王國是如何興起的呢？概括起來有以下幾個主要的原因。

十字軍東征所帶來的影響：十字軍東征帶來了多方面的影響，包括把東方的君主專制觀念和行政架構帶到西方，刺激了商業和交通的發達，加速了封建貴族的衰落等等。這些影響都非常深遠，譬如，封建貴族原本是過去「有限君權」（主張君權不是毫無限制的）以及「立憲政府」的積極鼓吹者，但是在十字軍東征以後，他們有的人因東征而死（或戰死沙場，或死在東征往返途中）；有的人移民至近東；有的人移居到城市經商，漸漸與工商階級來往密切；有的人則為王室效命。總之，在十字軍東征之後，封建貴族這個群體就日益分散了。

中產階級的興起：中古世紀後期的商業復興，已經逐漸打破了過去封閉的經濟型態，而十字軍東征和地理大發現，更是大大助長了這種趨勢。當中產階級擁有了財富和知識以後，對於過去封建貴族之間私戰不休、並藉此劫掠的現象極為不滿，遂認為只有一個強有力的王室才能帶來法律和秩序。因此，即使君主忽視議會，中產階級也並不覺得有什麼不妥，反正此時議會大多仍被封建貴族所控制；中產階級也願意納稅，用這樣的方式來支持君主，讓君主在財政無虞的情況下得以加強行政，並組織軍隊，來多管齊下打擊封建貴族的勢力。

羅馬法的復興：為了伸張王權就必須打破封建和傳襲的「習慣法」，如此才能為強化君權建立法理上的依據。從西元第十二世紀以後，在歐洲大陸關於羅馬法的研究就愈來愈受到重視，波隆那大學是重鎮，再由此逐漸傳播到歐洲大陸各地。

羅馬法的基本精神就是尊君，主張君主本身就代表了人民的意志與福祉，徵

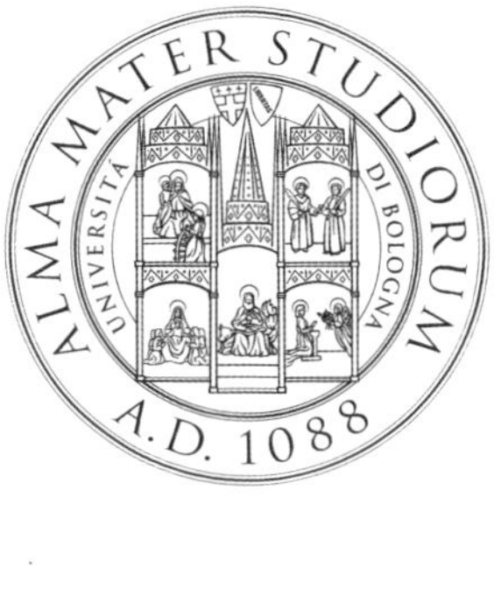

波隆那大學的校徽，該校建立於西元 1088 年，以研究羅馬法著稱。它被公認為歐洲最古老的大學，是歐洲眾大學之母。

引「人民的福祉便是最高法律」、「王侯所悅納者便有法律的效力」等原則，認為君主擁有打破習俗和傳統進而立法的權力。此外，國王被稱之為「君主」和「陛下」也是基於羅馬法尊君的精神。

政治新說的產生：原本在舊約聖經中所描述的希伯來社會就是一種父權社會，後來在羅馬社會中父權也很高，基督教亦相當強調父權，舊教的教士至今仍稱「神父」……凡此種種，從西元第十六世紀以後便陸續有政治哲學家從這些角度來鼓吹專制政治，認為人類從很早很早以前便將自己的權力交付給統治者來組成政府（無論是出於自願或是被迫），此後便須永久服從。

戰術的更新：中古世紀的戰爭，騎兵是主力，往往也是導致勝敗的關鍵。但是隨著時間的推移，使用弓箭與長矛的步兵漸漸取代了騎兵，成為戰場的重要主力，而步兵大多來自平民。西元十四世紀之後，火藥傳入歐洲，戰爭的形式更是發生了許多重大的改變，封建貴族的堡壘也不再像過去那樣的堅不可摧。

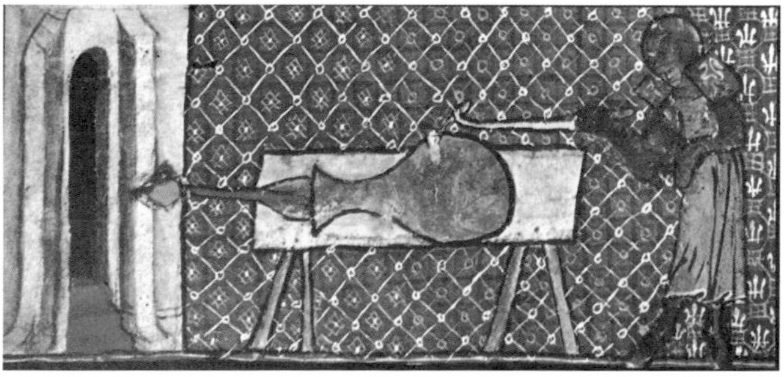

火藥隨著蒙古西征傳入歐洲，使得封建城堡不再是堅不可摧。本圖為英法百年戰爭時，法國所使用的原始金屬加農砲。

以上這些原因，都造成了君主權力的擴張，「君權神授」之說更是日益盛行，促成了民族王國的發展。

民族王國或民族國家，首先成功發展於西班牙、葡萄牙、英國、法國、丹麥、挪威、瑞典、波蘭等國，成為歐洲列國制度的奠基者。

現在我們不妨就來簡單認識一下西班牙、英國和法國的情形，其他民族國家的情況也就可以隨之有所了解。

西班牙

今天的西班牙位於歐洲西南部的伊比利半島，地處歐洲與非洲的交界處。西班牙形成民族王國的過程頗為緩慢，直到了西元第十五世紀中葉，伊比利半島上仍存在著五個王國，其中較為重要的是卡斯提爾與亞拉岡，前者是半島中部與北部國土面積最大的王國，藉著向外慢慢征服回教勢力而擴張；後者由於占據半島東岸，又在西元第十三世紀時取得西西里、西元第十四世紀時得到馬約甲島及撒丁尼亞，能夠參與地中海地區的貿易，商業較為發達。

在西元第十五世紀中葉（西元一四六九年），卡斯提爾的十八歲女王伊莎貝拉一世（西元一四五一～一五〇四年）與亞拉岡的十七歲國王斐迪南二世（西元一四五二～一五一六年）結婚，這項聯姻奠定了西班牙統一的基礎。雖然一開始兩國還是各有其君主、政府與議會，當然也各有其語言，但是由於君王聯姻，兩國的文化也就慢慢融合，而在融合的過程中，卡斯提爾語文逐漸取得優勢，比亞拉岡人所使用的語文要來得盛行。

一名大學教授撰寫的《卡斯提爾語語法》，第一個版本在西元 1492 年出版，圖為書名頁。

西元一四九二年，伊莎貝拉一世和斐迪南二世征服了位於半島最南、屬於回教殘餘勢力的小王國格拉納達，這標誌著西班牙開始走向統一，同年哥倫布（西元一四四六～一五〇六年）遠航美洲，則代表西班牙在海外的開拓。

接下來，伊莎貝拉一世和斐迪南二世不僅頻頻採取軍事行動，逐步統一伊比利半島，對內也鞏固中央威權，譬如抑制議會、從教宗手

西元 1492 年西班牙征服南端的格拉納達王國，穆罕默德十二世投降，伊莎貝拉一世和斐迪南二世完成伊比利半島的統一。

中取得提名主教的權利，使教會成為利於推展專制制度的工具等等，並且在西元第十五世紀下半葉（西元一四七八年）建立異端裁判，以此來消滅異端與回教信仰，驅逐摩爾人與猶太人。到了西元第十六世紀，西班牙成為歐洲最強大的民族王國。

◆英國

發生在西元一三三七年至一四五三年的「英法百年戰爭」具有深遠的民族意義。在英國勢力被逐出法國之後，英國王室赫然意識到，其實應該把施政的重心放在不列顛各島的建設。之後在英國民族情緒大振的情況下，不僅英國行政制度更趨成熟，英國語文的發展也逐漸定型。

不過，由於一些大貴族在戰後仍然擁有為數眾多的軍隊，因此英國國內還是呈現紛紛擾擾的狀態，英王亨利六世（西元一四二一～一四七一年）又無力維持秩序，以至於在「英法百年戰爭」結束僅僅兩年後，就爆發了「玫瑰戰爭」。

「玫瑰戰爭」主要是封建貴族之間的火拼，前後持續了三十年（西元一四五五～一四八五年），自然大大削弱了封建貴族的力量，王室也趕緊趁機伸張了權力，設法令貴族今後不能再像以往那樣擁有私人軍隊，這是建立都鐸王朝

「玫瑰戰爭」為英國著名的內戰，在這幅畫裡，各自陣營的支持者分別持有代表家族象徵的白色、紅色的玫瑰花。

的亨利七世（西元一四五七～一五〇九年）通過法律所禁止的。此外，由於在戰爭期間，即使是碰到普通的司法程序，往往也因證人不敢指認、或者陪審團不敢得罪那些勢力龐大的貴族，而幾乎無法維持正常運作，亨利七世遂設立一種特別法庭，指派樞密院大臣來處理有關治安與財產的案件。這個特別法庭是在一間有星辰圖飾的房間開庭，因而被稱為「星法院」。

「星法院」代表國王與樞密院的威權，不需要陪審團，在當時確實產生了相當大的作用，後來則被指為是專制的工具。總之，由此來看，亨利七世已是一位強有力的君主，牢牢掌控了國會。在他之後的亨利八世（西元一四九一～一五四七年），以及女王伊莉莎白一世（西元一五三三～一六〇三年）就更是成功。

法國

同樣的，「英法百年戰爭」也使得法國人民普遍確信，唯有強大的王室才是國家安全的保障，因為在漫長的戰爭時期，封建貴族種種自私自利的作為，以及三級會議的無能，正是法國的弱點。

對於法國來說，「英法百年戰爭」奠定了民族獨立的基礎，因此，戰後八年當路易十一世（簡稱「路易十一」，西元一四二三～一四八三年）即位之後，即勠力促使法國走向統一。舉例來說，他建立了一支王軍，藉此剷平了盜賊，也降服了封建貴族；而在徵收賦稅方面，他所擁有的權力，也遠較英國都鐸王朝的好幾位國王都要來得大。

路易十一是法國統一的奠基者。他在位二十二年，經過多年努力，大體上已經完成法蘭西的統一，同時他當然也大大削弱了封建貴族。而路易十一在建立中央集權統治的過程中，喜歡玩弄間接的陰謀手段更甚於採取直接的軍事行動，因此被稱為「蜘蛛國王」。

路易十一過世時，繼位的兒子查理八世（西元一四七〇～一四九八年）

路易十一——法國著名作家維克多．雨果（一八〇二～一八八五年）的小說《巴黎聖母院》，就是以路易十一在位時期作為時代背景，在書中細膩的描繪了法國人民在路易十一統治時期的生活百態。

法國國王路易十一，積極削弱貴族的影響力，推動法國中央集權。路易十一擅於謀略，以出其不意的方式牟取自身想要的成果，後世稱呼他為狡猾者。

雨果小說《巴黎聖母院》（或譯《鐘樓怪人》）的時代背景為法王路易十一統治時期。透過這本書的描繪，可以感受到當時人們的日常生活。

還只是一個十三歲的少年，此後九年在二十二歲的姐姐安妮（西元一四六一～一五二二年）的監護下，且經過多年征戰，終於在西元一四九一年、查理八世二十一歲那年，藉由一場政治聯姻，使得法國成為一個領土統一的國家。隨著領土的統一，同步發展的就是中央集權。在這樣的情勢下，不僅貴族的權力大多被剝奪，三級會議的地位也日益式微。

當查理八世於西元一四九四年進兵義大利時，此舉不但標誌法國成為了民族王國，也意味著這個民族王國已經開始從事國家疆土以外的征戰。

至於教會，自西元一四三八年的國是詔令之後（此時「英法百年戰爭」尚未結束），法國教會已取得相當的民族獨立地位，不再受命於羅馬。再過將近八十年後，到西元一五一六年的時候，法國國王已經能夠更嚴密控制法國的教士。

2 哈布斯堡王朝與西班牙

還記得我們在卷六《文藝復興時代》中介紹過的哈布斯堡王朝嗎？哈布斯堡家族是後世所稱的「歐洲四大家族」之一，是歐洲歷史上最重要的王室之一，也是歐洲歷史上統治地域最廣的封建家族。他們的統治時間長達六百多年，直到第一次世界大戰過後才宣告解體。而且，從西元一四三八年至一八〇六年這超過三個半世紀中，「神聖羅馬帝國皇帝」的帝號，一直都被哈布斯堡家族掌握在手裡。

不過，即使從西元一四三八年開始，在帝國之內的各邦國還是都很強調自己的邦權，他們一方面對內實行專制統治，另一方面對外則是表現出反對帝國集權的傾向。到了馬克西米連一世（西元一四五九～一五一九年）掌權的時候，頗思振作，積極加強帝國中央的權力，禁止私戰，還設立了帝國議會等等。在剛剛進入西元第十六世紀之際，馬克西米連一世似乎一度頗為成功，但最終他所有的努力還是在各邦強調邦權的情況之下而落空。

然而，馬克西米連一世非常善於利用婚姻來擴張哈布斯堡王朝的勢力，因此當時還有一種充滿戲謔的說法：「別人都忙於征戰，只有快活的奧地利在娶親。」在這句話中的「奧地利」指的就是哈布斯堡家族，這是因為哈布斯堡家族主要的分支在奧地利，所以又稱為奧地利家族。

馬克西米連一世的孫子查理五世（西元一五〇〇～一五五八年），就是拜馬克西米連一世成功的聯姻之賜，在年紀輕輕的十六歲就成了西班牙國王，是哈布斯堡王朝在西班牙的第一位國王。

查理五世在即位之前被稱作「奧地利的查理」。他是一位真正「含著金湯匙」

出生的人，看看他從長輩手裡所繼承的家業吧，著實令人咋舌；他從祖父馬克西米連一世繼承了奧地利等地，從祖母繼承尼德蘭等地（所謂「尼德蘭」，大約相當於今天的荷蘭、比利時，也有的定義是還要加上盧森堡），從外祖父斐迪南二世繼承了亞拉岡、那不勒斯和西西里等地，從外祖母伊莎貝拉一世繼承了卡斯提爾及美洲屬地，然後又在十九歲那年（西元一五一九年）當選為神聖羅馬帝國皇帝，而成為全**德意志**的元首，聲勢之大可說前所未有。如果說查理五世是西元第十六世紀歐洲最強大的君主，是一點也不為過的。

哈布斯堡王朝與西班牙的結合造就了查理五世的帝國，但是查理五世想要「一統帝國」，這對於其他國家而言自然就構成了很大的威脅，尤其是法國，因為查理五世的帝國包括了西班牙、尼德蘭與德意志，再加上義大利的大部分，這使得法國處於一種被查理五世的帝國所包圍的形勢。可是在剛剛進入西元第十六世紀之初，法國已經擁有大約一千四、五百萬的人口，是西班牙的兩倍、英國的四倍，因此，無論是從領土或是人口數的角度來看，此時的法國在歐洲的國際政治上都具有舉足輕重的分量，再加上法國對義大利也懷有野心，這麼一來，法國與西班牙的衝突就在所難免了。

德意志——是指日耳曼民族中使用德語的人民和生活區域，大約包括今日的德國至奧地利的德語地區，從中世紀時開始被泛稱為「德意志」。

西元 1521 年開始，西班牙與法國長期大戰，戰後西班牙成為歐洲強權。

西元 1525 年的帕維亞之戰，是西、法長期戰爭中的一役。在這場戰爭裡，西班牙大敗法國，更俘虜了法國國王法蘭西斯一世。

法王法蘭西斯一世，在他任內法國文化興盛，因此，他被視為文藝復興君主，深受國民愛戴。

從西元一五二二年開始，法國在法蘭西斯一世（西元一四九四～一五四七年）的領導之下，與查理五世的帝國進行了長期的戰爭，主要戰場在義大利。這場軍事衝突前後長達三十七年，直到查理五世與法蘭西斯一世兩人都已辭世了，都還未能結束，一直到西元一五五九年，因法國再也無力問鼎義大利，而哈布斯堡王朝也無力削弱法國，兩國之間的戰事才暫時告一段落。

西班牙是查理五世龐大帝國的核心力量，事實上西班牙也是西元第十六世紀歐洲最強大的國家。

查理五世享年五十八歲，在位數十載，勵精圖治，為了擴大帝國的統治範圍以及西班牙在歐洲大陸的影響力，先後和法國、鄂圖曼帝國爆發了戰爭，最後幾乎都取得了勝利（鄂圖曼帝國因創立者為奧斯曼一世，有時也譯作「奧斯曼帝國」，參見卷五）。

西元一五一八年，查理五世獨具慧眼，重用了在葡萄牙一直不受重視的航海家麥哲倫（西元一四八〇～一五二一年），資助他環球航行，後來麥哲倫到達南美

法國與鄂圖曼帝國聯手對抗哈布斯堡王朝，顯示哈布斯堡王朝在查理五世統治時期頗受鄰近國家忌憚。

查理五世——查理五世擔任尼德蘭君主的時間是西元一五〇六年至一五五五年；擔任西班牙國王是西元一五一六年至一五五六年；擔任德意志國王是西元一五一九年至一五五六年；擔任神聖羅馬帝國皇帝則是西元一五二〇年至一五五六年。

洲，占領了智利和秘魯，擴大了西班牙帝國的殖民地，而且在南美洲開採的貴重金屬，也使得西班牙的財政更為充足，連帶的軍事也得以更強大。西班牙的陸軍稱雄歐洲長達一個多世紀，而海軍巡弋的範圍則從歐洲東部的利普多灣（位於今天的希臘），一直到亞洲的馬尼拉灣（今菲律賓），是名副其實的「海上霸主」。

查理五世所統治的領域除了西班牙王國（在本土之外，還包括那不勒斯、撒丁島、西西里島和美洲殖民地），還有奧地利、尼德蘭和盧森堡，以及名義上的整個德意志邦聯，和非洲的突尼斯、奧蘭等地，被稱為「**日不落帝國**」。

不過，儘管查理五世的聲威空前，但他一直以來都不輕鬆，始終要面對很多困難，因為他是以各種不同的身分來統治各邦國，譬如當他在尼德蘭的時候就是尼德蘭王侯，在奧地利是奧地利大公，在西班牙是卡斯提爾王與亞拉岡王等等，也就是說，他所統治的帝國有著不同的民族、不同的文化、不同的語文、不同的地域政府，甚至有不同的宗教信仰，情況相當複雜。此外，土耳其回教勢力不斷侵擾中歐，也帶給他很大的壓力。

在西元第十六世紀初，當宗教改革在德境爆發之後，基於「只有在羅馬教會的一統信仰之內，神聖羅馬帝國才有意義」的考慮，查理五世決心要撲滅新教勢力，然而由於受到法國的牽制等多重原因，最後查理五世失敗了，西元一五五五

日不落帝國——歷史上先後有兩個國家曾經被稱作「日不落帝國」，分別是西班牙帝國和大英帝國。之所以稱作「日不落帝國」，是因為當東半球白天的時候就是西半球的黑夜，反過來當西半球白天的時候就是東半球的黑夜，「日不落帝國」的意思，是指在全球七大洲均有領土並掌握當時霸權的帝國，這麼一來太陽無論何時就都會照在其領土之上。

年他被迫接受了一項名為「奧古斯堡和約」，永遠離開了德境，翌年便倦勤退隱於西班牙的約斯達修道院，兩年之後病故。

鑒於帝國的領土太過分散，查理五世在退隱時將國土一分為二，由弟弟斐迪南一世（西元一五〇三～一五六四年）和兒子菲利普二世（西元一五二七～一五九八年）來繼承，前者獲得哈布斯堡領土及帝號，後者取得西班牙、美洲、西西里、那不勒斯和尼德蘭，哈布斯堡王朝從此便分為兩支。

如果說西元第十六世紀前半期是查理五世的時代，那麼後半期就是菲利普二世的時代。

菲利普二世的壽命比他的父親要長了十餘年，享年七十一歲。他不僅是西班牙哈布斯堡王朝第二位國王（二十九

Abschiedt

Der Römischen Königlichen Maiestat/vnd gemeiner Stendt/auff dem Reichstag zu Augspurg/Anno Domini M. D. LV. auffgericht.

Sampt/

Der Keyserlichen Maiestat Camergerichts Ordnung/ wie die auff diesem Reichstag/durch die Königliche Maiestat/vnd gemeine Stendt/ widerumb ersehen/ ernewert/vnd an vilen orten geendert.

Mit Röm. Königlicher Maiestat gnad vnd Priuilegio, inn sechs Jaren nicht nach zütrucken.

Getruckt inn der Chürfürstlichen Stadt Meyntz/durch Franciscum Behem/Anno Domini M. D. LV.

查理五世簽署「奧古斯堡和約」，確立教隨國立的原則，此後天主教與基督新教並存於神聖羅馬帝國境內。

西班牙國王菲利普二世，為查理五世的兒子。菲利普二世在任內接續父親的遺願，擴張哈布斯堡王朝的勢力，帶領西班牙走向強盛時期。

歲即位，西元一五五六～一五九八年在位），也是葡萄牙哈布斯堡王朝的首位國王（五十三歲即位，西元一五八〇～一五九八年在位），葡萄牙的海外殖民地也因此都在其控制之下。

菲利普二世延續了父親查理五世與法國之間的爭鬥，而且成績不俗。在他即位三年後就與法國訂立了一項條約，確立了哈布斯堡王朝在那不勒斯、米蘭和西西里的統治，此後，法國雖然擴張至萊茵河，但終究未能在義大利有所作為，可以說菲利普二世在義大利有效驅逐了法國的勢力。

菲利普二世還鞏固了地中海的海權。西班牙先是在北非與回教勢力作戰，後來西元一五七一年發生在利普多灣的海戰，不僅終止了鄂圖曼帝國的西侵之勢，更使得鄂圖曼帝國失去了在地中海的海上霸權。因為這個緣故，這成為歷史上一場意義重大的海戰。西班牙的勝利，加上此時菲利普二世所背負著反宗教改革的任務，使得西班牙的國威以及海外強權達於頂峰。

其實，菲利普二世與羅馬教廷的關係並不算太好，但他是一個虔誠的羅馬教徒，願意為了「一統教會」的原則而奮鬥，於是在羅馬教廷與耶穌會之外，西班牙的菲利普二世就成了羅馬教會一個非常重要的國際勢力，菲利普二世慨然以西班牙的財富與軍力，積極從事撲滅新教的運動，頻頻參與多次宗教戰爭。

西班牙國王菲利普二世於利普多灣海戰一役中，擊潰鄂圖曼帝國的海軍，遏阻鄂圖曼土耳其人在地中海的擴張。

西班牙於利普多灣海戰擊潰鄂圖曼帝國，該榮耀促使菲利普二世成為當時重要的信仰守衛者。

利普多灣海戰的雙方艦隊作戰排列，顯示規模浩大。這幅畫中的天使，預示這場戰爭的勝敗。這場戰爭後，鄂圖曼土耳其人在地中海的發展陷入停滯。

由於在軍事方面的開支過於巨大，菲利普二世不得不多次增稅，甚至在位期間竟然有三次宣布國家破產（分別在西元一五五七年、一五七五年及一五九八年）。

菲利普二世雄心勃勃，全力以赴，西元一五八八年五月，在經過三年的籌畫之後，派出歐洲歷史上空前龐大的「無敵艦隊」，並且還在歐洲大陸集結了一支精銳部隊，配合艦隊渡過海峽，計畫要水陸並進徹底征服英國，結果失敗，損失了一百多艘戰艦和一萬多名官兵，國力因此受到了重創。畢竟西班牙之所以身為當時歐洲最強大的國家，勢力範圍遍及歐、亞、非、美四洲，稱霸的基礎就是龐大的艦隊。在這之後，英國就逐漸取代了西班牙成為海上霸主。

西班牙君主菲利普二世挑起英西戰爭，意圖推翻伊莉莎白一世的統治。這場衝突延燒數十年，最後英西雙方於倫敦商議終止戰爭，並簽署《倫敦條約》。

總之，儘管菲利普二世試圖維持一個天主教的大帝國，一

西班牙與英國於宗教、外交以及世界貿易多有摩擦，又因英國女王伊莉莎白一世干預荷蘭事務，因此，西班牙國王菲利普二世決心向英國發起戰爭。

度似乎也做出了一些成績，但最後仍然是功敗垂成。同時，在他去世以後（西元第十六世紀末），西班牙很快就走向了衰落。

3 三十年戰爭

有不少種說法都可以用來描述發生在西元第十七世紀上半葉至中葉的「三十年戰爭」（西元一六一八～一六四八年）：這是由神聖羅馬帝國內戰所演變而成的一次大規模歐洲諸多國家參與的混戰；這是歷史上第一次波及整個歐洲的大戰；這是在西元第十八世紀末（西元一七八九年）法國大革命之前歐洲所見最大規模的戰爭；這也是在宗教改革爆發一個世紀以後，羅馬教會對抗改革最後、同時也是最重要的行動；總之，「三十年戰爭」是一場對近代西方歷史影響甚巨的戰爭。

導致這場戰爭的成因相當複雜，一開始的性質是宗教戰爭，但很快就演變成一場國際權力的角力賽。所謂「宗教戰爭」，是指由於宗教原因所引發的戰爭，有時是發生在不同宗教之間，有時也會發生在

英西海戰中，西班牙的無敵艦隊被英國海軍重創，大幅削弱西班牙海軍的實力，促成英國伊莉莎白一世的盛世。

同一宗教的不同教派之間。譬如我們在卷五講述過的十字軍東征就是屬於宗教戰爭。

為什麼說「三十年戰爭」最初的性質是屬於宗教戰爭呢？主要是因為在中世紀後期神聖羅馬帝國日趨沒落，德意志境內本來就是諸侯林立、紛爭不斷，而在宗教改革運動之後又發展出天主教和新教的尖銳對立，再加上德意志周邊的國家紛紛崛起，因此爆發了戰爭。這場大戰以德意志境內為主要戰場，陸續牽扯到奧地利、西班牙、法國、荷蘭、丹麥和瑞典等國。

這場戰爭的導火線，則是在西元一六一八年波西米亞（今捷克）反對哈布斯堡王朝的起義。

波西米亞是在西元一五二六年被併入神聖羅馬帝國，從這時開始，波西米亞國王就由神聖羅馬帝國的皇帝來兼任。西元一六一七年，神聖羅馬帝國的馬帝亞斯皇帝（西元一五五七～一六一九年）因無子嗣，決定讓堂弟費迪南（亦即後來的費迪南二世，西元一五七八～一六三七年）擔任波西米亞國王，還預告費迪南將於隔年擔任匈牙利王。費迪南深惡新教，企圖要在波西米亞恢復天主教。波西米亞的新教（喀爾文教派）貴族，眼見舊教勢力日益壯大，都很擔心往後自身利益不能受到保障，便向費迪南陳情，並擬於西元一六一八三月集會。不料費迪南不但拒絕了他們的請求，還禁止他們集會，結果不久就在布拉格（今捷克首都）發生了「拋窗事件」——一群新教貴族衝進布拉格王宮，將神聖羅馬帝國皇帝派來的兩位欽差從窗外拋出，這是捷克人表示決裂的傳統方式。

「三十年戰爭」的序幕就此拉開。

這場戰爭從西元一六一八年至一六四八年，前後三十年，大致分為四個階段：

1波西米亞階段：這個階段長達七年（西元一六一八～一六二五年）。在「拋窗事件」之後，新教的貴族們宣布罷黜費迪南二世的波西米亞王位，翌年另外推選了一位新王，是為腓特烈五世（西元一五九六～一六三二年）。波西米亞的叛亂至此全面展開。

腓特烈五世身為波西米亞國王的時間只有短短一年，便被費迪南二世聯合了西班牙國王、巴伐利亞公爵以及舊教各邦一起趕下了臺。腓特烈五世狼狽逃亡至荷蘭，土地全數遭到充公。與此同時，費迪南二世再度加冕為波西米亞國王，新教同盟宣告解散。至此，不僅德意志境內新教勢力大為削弱，即使是鄰邦譬如丹麥、挪威、荷蘭等亦深感威脅。

2丹麥參戰階段：這個階段持續四年（西元一六二五～一六二九年），重點是丹麥及挪威也宣布參戰。這兩國的國王是克里斯欽四世（西元一五七七～

布拉格拋窗事件發生在西元 1618 年，當地的新教徒將波希米亞國王派來的欽差拋出窗外，以表達對於國王迫害新教、危害宗教自由的強烈抗議。

一六四八年），他同時也是德意志境內的霍斯坦因公爵。他之所以參戰，除了因為他是新教領袖，基於信仰之外，還摻雜了其他的因素，包括他想趁機控制德境諸河口以及德境東北部的貿易，另外他也想在德境取得幾個主教邦，好為幼子建立一個王國。於是，克里斯欽四世在英、荷、法的支持之下加入了戰局，來勢洶洶。

與此同時，舊教方面的代表性人物是一位德國化的捷克貴族馮．華倫斯坦（西元一五八三～一六三四年）。他出生於波西米亞一個新教貴族家庭，後來因為被一個路德教會學校開除而改奉舊教。他曾在匈牙利軍隊裡服過役，具備相當不錯的軍事素養。當「三十年戰爭」爆發時，馮．華倫斯坦三十五歲，馬上自募一支軍隊，

馮· 華倫斯坦，是三十年戰爭時期神聖羅馬帝國的重要軍事將領。他帶領神聖羅馬帝國抵抗丹麥國王所率領的新教勢力；不久後，又與瑞典國王於呂城大戰。

丹麥與挪威國王克里斯欽四世，領導丹麥的經濟、政治、文化發展，被認為是丹麥非常重要的君主。在三十年戰爭中，基於宗教與政治考量加入新教戰局。

投入費迪南二世這一方作戰。

馮．華倫斯坦是一個軍事家，擁有優秀的統帥和組織才能，領導著神聖羅馬帝國的軍隊抗擊瑞典，守護德意志，稱得上功業彪炳。可惜後來由於被懷疑功高震主，而在四十七歲那年（西元一六三〇年）被解除了軍職。

戰爭在此階段，新教運動的成果趨於暗淡，而費迪南二世可說大大提高了哈布斯堡王朝的聲威。

3瑞典參戰階段：這個階段為期五年（西元一六三〇～一六三五年），瑞典也加入戰局。「三十年戰爭」時期出了兩位了不起的軍事家，被稱為「戰爭雙雄」，一位是上面提到的馮．華倫斯坦，另一位是瑞典國王古斯塔夫二世（西元一五九四～一六三二年），被稱為「北方雄獅」，他也是歷代瑞典國王中唯一被國會封為「大帝」的國王。

古斯塔夫二世加入這場大戰有兩大理由，一，他擁有滿腔熱誠願意為新教獻身；二，費迪南二世日益擴張的勢力使得瑞典大受威脅。於是，他在獲得法國與荷蘭的金援之下，於西元一六三〇年率軍登陸德境，很快便大有斬獲，

西元 1630 年，瑞典國王古斯塔夫二世因擔心神聖羅馬帝國擴張而加入三十年戰爭，並於布賴滕費爾德會戰戰勝神聖羅馬帝國。

勢如破竹。

為了抵擋古斯塔夫二世的凌厲攻勢，費迪南二世不得不於西元一六三二年再度起用馮．華倫斯坦，同年十一月中，發生了「呂城之戰」，雖然古斯塔夫二世在此役中戰死，終年三十八歲，但他的軍隊並未潰敗，且最後竟然還是戰勝了馮．華倫斯坦，並將勢力推進至波西米亞與多瑙河。

此外，在「呂城之戰」戰後，馮．華倫斯坦因為不滿費迪南受到西班牙的影響太大，遂產生了自謀雄圖之心，想在中歐建立一個帝國，稱雄土耳其與西歐，遂秘密與瑞典人進行和談，結果於西元一六三四年遭到暗殺，一般都推斷，兇手應是受到費迪南二世的主使。

西元 1632 年，瑞典國王古斯塔夫二世死於「呂城之戰」。

4 法國參戰並與瑞典聯合的階段：這個階段（西元一六三五～一六四八年）長達十三年，屬於全歐混戰，時間最長。

法國想要打倒哈布斯堡王朝（包括奧地利與西班牙）、在歐洲稱霸，遂聯合瑞典、丹麥、荷蘭等加入戰局，不僅戰況空前激烈，戰鬥範圍也因此擴及到尼德蘭、義大利和斯堪的納維亞。

在這個階段的前五年，是哈布斯堡王朝占了上風，但自西元一六四〇年以後，西班牙就漸漸不支，甚至連其帝國都有瀕臨瓦解之勢。西元一六四三年，法國軍隊在「洛克魯亞」一役中擊敗了向來不可一世的西班牙步兵，同時，德境亦因西班牙的支援減少，而被法軍趁虛而入。

西元一六四一年，費迪南三世（西元一六〇八～一六五七年）著手展開和談。他是費迪南二世的長子，西元一六三七年父親過世之後即位。

過了七年（西元一六四八年），十月二十四日，隨著「西發里亞和約」的簽訂，「三十年戰爭」終於宣告結束。

總結一下，儘管一開始「三十年戰爭」是因為宗教而戰爭，但很快就加入了其他的因素，最重要的當然還是國際利益的衝突，譬如法國想要突破哈布斯堡王朝勢力的包圍，以及西班牙想要藉機控制義大利與尼德蘭全境等等。因為有利益衝突，所以在戰爭期間才會產生不少矛盾的現象，比方說，法國明明是屬於舊教國，卻參加了新教國家的陣營。總之，「三十年戰爭」只有前

《西發里亞合約》的寓言畫。

面的十一年（也就是頭兩個階段），參戰方比較是出於宗教因素，之後的階段，整體來說就是一場以德意志地區為戰場的國際政治權力的爭奪戰，最後以哈布斯堡王朝戰敗做為結束。

戰爭期間所有的參戰方基本上可分為兩個陣營，一邊是新教諸侯，包括德意志境內的新教諸侯、丹麥、瑞典和法國，這個陣營還得到了荷蘭、英國和俄國的支持；另一邊則是神聖羅馬帝國皇帝、德意志天主教諸侯和西班牙，他們得到了教宗和波蘭的支持。

我們也可以將「三十年戰爭」視為歐洲數百年來，宗教以及國際政治各種矛盾的一次總爆發。那位英年早逝的瑞典國王古斯塔夫二世就是持這樣的觀點；他在寫給國內首相的一封信中這樣描述：「各個小型的戰爭，在這裡都匯集成一個全面的歐洲戰爭。」

由於德意志地區是「三十年戰爭」的主要戰場，因為這場戰爭，德意志自然損失慘重，不僅經濟遭到極大的破壞，日耳曼各邦國還因此被消滅了約百分之二十五至四十的人口，尤其是男性，將近一半都陣亡了。

由於「三十年戰爭」，在哈布斯堡王朝統治下的德意志皇權從西元第十七世紀以後就日益衰微。從這個角度來看，「三十年戰爭」也推動了歐洲民族國家的形成，無怪乎有很多史學家認為，「三十年戰爭」是標誌著歐洲近代史的開始。

除此之外，「三十年戰爭」還造成了諸多影響。這些我們會在下一節中繼續說明。

4 三十年戰爭的影響

要回顧「三十年戰爭」在西方歷史上的影響，重點之一自然就是要了解「西發里亞和約」的影響。

◆西發里亞和約

這個和約的主要內容，可以分為宗教和政治兩個層面。

在宗教方面，和約規定了喀爾文教派、路德教派（以上都屬於新教）和羅馬教會（舊教）有著平等的地位，新教、舊教同享在近一個世紀以前查理五世所簽署的「奧古斯堡和約」的權利（原本「奧古斯堡和約」僅承認路德教派而不承認其他的新教）；關於新教、舊教財產土地的認定，以西元一六二四年一月一日、也就是以「三十年戰爭」第一階段以前的情況為準；今後無論新教或舊教各邦在神聖羅馬帝國事務上的權利完全平等；帝國最高上訴法庭中的組成分子，在新、舊教的人數上必須相同等等。

在政治方面所規定的內容就更多了，譬如，瑞士及荷蘭的獨立，正式獲得神聖羅馬帝國的承認，且今後屬於神聖羅馬帝國的三百多邦，均享有對外宣戰與議和之權，同時，今後神聖羅馬帝國皇帝未經帝國議會同意，不得立法、宣戰、締盟、徵稅等等。這麼一來，形同肢解了神聖羅馬帝國，各國都得以理所當然的盛行王政專制，德意志地區瞬間又回到中古世紀封建時代那種分崩離析的狀態。

而在土地劃分方面也有不少安排，譬如，瑞典取得西波美拉尼亞和呂根島（包括奧得河口一帶），以及布萊梅與費爾登主教區，瑞典因此也成為神聖羅馬帝國議會的一員；法國則取得亞爾薩斯和梅茲、圖爾、凡爾登等地；巴伐利亞仍可保留其所奪得的上巴拉提那，而且仍為選侯，腓特烈五世的兒子可擁有萊茵河地區的下巴拉提那，亦為選侯，從此選侯就增加為八個。

在這裡，我們可能需要稍微解釋一下什麼是「選侯」。

在近三百年以前，西元一三五六年，神聖羅馬帝國盧森堡王朝的查理四世（西元一三一六～一三七八年）為了謀求諸侯承認其子繼承王位的正當性，制定了著名的「金璽詔書」（又稱黃金詔書），正式確認大封建諸侯選舉皇帝的合法性，並且確定是七位選侯，其中三位為教會封建領主（如科隆大主教），四位為世俗封建領主（如薩克森公爵）。

在「三十年戰爭」之前，所謂的「神聖羅馬帝國」，事實上已經差不多只是一個空殼，哈布斯堡家族皇帝的實際權力，僅限於他們自己的家族領地，譬如奧地利和波西米亞，而在帝國境內的其他地方，高達數百個領主都在統治著他們各自的領地，從公爵領地、侯爵領地、伯爵領地、主教轄區和自由市，其實大家都很少把「神聖羅馬帝國皇帝」當一回事。

長久以來，哈布斯堡家族一直有一樁心願，那就是希望增強他們對於神聖羅馬帝國廣大領土以及龐大資源的實際掌控權；也可以這麼說，哈布斯堡家族希望能夠將帝國變成一個統一的君主制國家，就像英國和法國那樣。所以，「三十年戰爭」其實是哈布斯堡家族為了統一德意志所做的最後嘗試，結果以失敗告終。

因此，即使在「三十年戰爭」結束的時候，從表面上看來，當時的歐洲與戰前似乎並沒有多大的不同，哈布斯堡家族依然享有帝王的尊貴，其他大大小小的領主也依舊是獨立的政治實體，一切幾乎都跟過去一樣，然而，由於「西發里亞和約」賦予了這些領地的統治者諸多權利，哪怕這些權利都是他們早就已經在施行的，譬如享有對外宣戰與議和之權等等，但因為和約上白紙黑字的明文規定，在法理上就讓這些領地的統治者比過去任何一個時期都要更加的獨立。因此，「三十年戰爭」對於想要控制神聖羅馬帝國的哈布斯堡家族來說，無疑是一項沉重的打擊，在「三十年戰爭」戰後，德意志內部的分裂遂不可逆轉。

讓我們把焦點再轉回「西發里亞和約」上，這項和約對於近代西洋史有著極為重大的影響，主要是表現在以下幾個方面。

結束了歐洲「一統帝國」與「一統教會」的理想：從此各國並立與宗教紛歧成為了普遍的現象。與此同時，各國也都在主張平等和政治獨立的基礎之上，自由選擇對自己有利的對外政策，這從在西元一六四八年「西發里亞和約」簽訂以後，歐洲各國都開始建立「外交部」就可見一斑。換言之，一個嶄新的國際社會出現了。

在這樣的時代背景之下，國際法的發展遂成為必然。西元一六二五年，在「三十年戰爭」開打後的第七年，荷蘭法學家格勞秀士（西元一五八三～一六四五年）出版的《論戰和之法》，後來被公認為是國際法研究的開端。

使德意志的統一至少延緩了兩個世紀：如前所述，當西歐各國都已先後完成民族國家的建立時，德意志在「三十年戰爭」之後卻陷入了分崩離析的狀態，而且這種狀態還受到了「西發里亞和約」的約束，成為一種國際政治現象。日後德意志是一直到西元第十九世紀末，才真正完成民族統一的工作。

造成了德意志與西班牙的衰落：由於「三十年戰爭」主要戰場在德意志境內，該地區在戰爭期間飽受戰火的蹂躪，農業普受破壞，人口大為減少，再加上災疫橫行，不少地方都嚴重缺糧，甚至發生了人吃人這樣不忍卒睹的慘劇。德意志境內的各種文化建設也幾乎都毀於一旦。有學者估計，這場戰爭使得德意志文化至少落後了一百年。

格勞秀士是荷蘭著名的國際公法與海洋法的建立者。

HVGONIS GROTII
DE IVRE BELLI
AC PACIS
LIBRI TRES.
In quibus ius naturæ & Gentium : item iuris publici præcipua explicantur.
PARISIIS,
Apud NICOLAVM BVON, in via Iacobæa, sub signis S. Claudij, & Hominis Siluestris.
M. DC. XXV.
CVM PRIVILEGIO REGIS.

格勞秀士認為公海是可以自由航行的，這一主張為荷蘭與英國提供突破葡萄牙與西班牙壟斷海上貿易的困境。

描繪「三十年戰爭」帶來的破壞之系列畫作——火刑。

描繪「三十年戰爭」帶來的破壞之系列畫作——死亡輪。

描繪「三十年戰爭」帶來的破壞之系列畫作——射擊。

同時，如此殘破不堪的德意志地區今後也無法再做有效的動員，因此，即使哈布斯堡王朝仍然保有奧地利、波西米亞和匈牙利等地，但所謂的「神聖羅馬帝國」就比過去要更加空洞、更加的名不副實了。

至於西班牙，也因為在戰爭期間轉戰南德、北義和尼德蘭等等，不堪負荷而元氣大傷，戰後西班牙哈布斯堡王朝在國際政治上的分量遂大不如前。

法國脫穎而出：隨著德意志和西班牙的衰落，法國脫穎而出，成為歐洲舉足輕重的大國。

尤其必須一提的是，西班牙和法國之間的戰爭並未在西元一六四八年因「西發里亞和約」的簽訂而結束，而是又繼續戰鬥了十一年，直到西班牙實在是難以支撐為止。西元一六五九年，法國與西班牙簽訂了「庇里牛斯條約」，規定兩國今後以庇里牛斯山脈為界，西班牙把位於兩

法國駐馬德里大使館的掛毯上，描繪著法國路易十四與西班牙菲利普四世會面簽署庇里牛斯條約。這次會面以及條約簽訂，標誌法國成為歐陸強權。

國邊境上的胡西永與法蘭德斯給法國，以及兩國聯姻等等。

日後的歷史證明，「庇里牛斯條約」是法國益加強盛而西班牙衰落的重要分水嶺；西班牙在「三十年戰爭」之後徹底失去了原先歐洲一等強國的地位，法國則取得歐洲霸主的地位，而且這個地位一直維持到西元第十九世紀下半葉**普法戰爭**爆發的時候。

瑞典的興起：在「三十年戰爭」之後，瑞典取得了原本德意志在波羅的海沿岸

普法戰爭為普魯士與法國之間的爭奪霸權地位的戰爭，最後法國敗於普魯士。圖為拿破崙三世被俘虜後，與俾斯麥對談的畫作。

普法戰爭——普法戰爭發生於西元一八七〇～一八七一年，是普魯士王國（德意志帝國的前身）與法蘭西第二帝國之間的戰爭。導致戰火的主要因素就是兩國長期爭奪歐洲大陸的霸權，以及德意志本身的統一問題。在普法戰爭正式爆發之前，其實兩國之間的關係已經長期處於緊張關係之下。普法戰爭過後，普魯士王國完成了德意志的統一，並取代了法國在歐洲大陸的霸主地位。

所擁有的大片土地，並成為德意志的諸侯之一，可以隨時插手德意志的內部事務；同時，瑞典還獲得大筆的賠款。諸多因素相互影響，使得瑞典一躍而成為北歐強國，直到進入西元第十八世紀後**北方大戰**的爆發。

戰術的改變：由於「三十年戰爭」曠日費時，戰爭期間很多國家都開始實行徵兵制，並建立了常備軍與後勤系統，增加軍隊可以進行持久戰的能力，軍隊編制也日益走向精簡，俾能符合機動作戰的要求。

在各國所做的軍事改革中，以瑞典國王古斯塔夫二世的成就最為不凡，他以火槍兵來取代長矛兵，同時，他每次出擊往往都是採取三段式戰法——先以炮兵集中火力進行攻擊，再出動騎兵進行突擊，最後則由步兵來負責清理敵軍。這樣的作戰方式效果突出，成為後來戰爭的標準作戰方式。

北方大戰——又稱「大北方戰爭」，發生於西元一七〇〇年至一七二一年，簡單來說，是一場俄羅斯帝國為了奪取波羅的海的出海口，然後與瑞典王國所進行的爭霸戰。戰爭結果是俄羅斯從此稱霸波羅的海，而瑞典則從此走向衰落，甚至就此從歐洲列強的名單上消失。

大北方戰爭是瑞典與俄羅斯帝國之間的戰爭，戰後俄羅斯帝國取代瑞典在歐洲強國的地位。

第二章　英國議會政治的建立

英國在西元第十七世紀的歷史發展與歐洲大陸大不相同。
當時在歐洲大陸盛行君主專制政體，
而在英國，國會控制了國家的財政權，沒有一位君主能夠長期與之抗衡，
頂多只能巧妙運用國會之名、行專制之實，
例如英國歷史上最傑出的統治者之一——伊莉莎白女王……

「三十年戰爭」結束的時候，是西元第十七世紀中葉。英國在「三十年戰爭」中並沒有扮演重要的角色，事實上，在「三十年戰爭」即將結束的那會兒，英國自己正陷入內戰的旋渦。

英國的內戰當然也有其宗教因素，但如果和發生在法國、荷蘭、德意志等地的宗教戰爭相比較，我們就會發現，英國這邊的顯然要溫和得多，破壞性沒那麼大。造成英國內戰的主因，是清教徒（比較激進的喀爾文派信徒）為了伸張國會的權力、並反對王室的控制，而與英國國教派（比較穩健的新教徒）之間所產生的鬥爭。

說起來，英國在西元第十七世紀的歷史發展與歐洲大陸很不相同。當時在歐洲大陸盛行君主專制政體，這種政體原來是流行於東歐（譬如東羅馬帝國和鄂圖曼帝國），到了中世紀晚期以後開始在中歐和西歐建立，逐漸被視為一種最自然的政府型態。當時舉凡法國、西班牙、丹麥、葡萄牙、義大利諸邦、德意志諸邦等等，都是實行這種政體。然而在英國，由於大環境與歐陸不同，因此並沒有發展出後來以法國做為典型代表的君主專制政體。

比方說，英格蘭諸島在地理上具有統一性，一直以來也沒有遭遇過太多像西班牙「無敵艦隊」那樣的外患，更關鍵的是，英國已經建立了議會政治的傳統。

英國國會自中古世紀後期以來，在組織上已經相當完備，並且控制了國家的財政權。

英國國會之所以能夠擁有如此強大的力量，最重要的原因應該是來自於全國只有一個國會，自然就容易集中意志，不像在荷蘭、西班牙、法國和德意志境內，都有一些獨立性很高的地方性議會，這麼一來，大家的意見就不容易取得一致。

英國的國會分為上下兩院，也就是貴族院與平民院，前者主要以世俗貴族占絕大多數，後者則主要是「仕紳」的勢力。所謂「仕紳」，可以理解為一般俗稱的「上流社會人士」，是表示一個社會階層，組成分子包括了不出席上院的農業貴族、不繼承封號的貴族幼子等等，而他們往往又與工商階層人士打成一片。整體而言，英國國會不僅自身組織完善，也沒有嚴重的階級利益衝突，所代表的社會利益和財富又是如此堅強，沒有一個君主能夠與之長期抗衡，即使是在都鐸王朝統治時期（西元一四八五～一六〇三年），王朝的聲威已經達於頂點，也無法像當時歐陸很多國家那樣堂而皇之的標榜君權神授的理論，頂多只是用國會之名、行專制之實，巧妙善用統馭的手法而已。

說到善於統馭國會，我們就一定要介紹一下都鐸王朝最後一位君主——伊莉莎白一世（西元一五三三～一六〇三年），她被公認為是英國歷史上最傑出的統治者之一。

現在就讓我們把時間往回撥一點，回到西元第十六世紀上半葉……

1 伊莉莎白一世

還記得我們在卷六《文藝復興時代》提到宗教改革爆發之後，那位因為想要離婚而與羅馬教廷鬧得不可開交的英國國王亨利八世（西元一四九一～一五四七年）嗎？伊莉莎白的母親是亨利八世第二任妻子。

在伊莉莎白三歲的時候，母親被父親砍了頭，她也被議會宣布變成私生女；她的稱號從「伊莉莎白公主」變成「伊莉莎白・都鐸小姐」，因為當時大多數英國天主教徒都認為，亨利八世與第一任妻子的離婚是非法的，不予承認。

伊莉莎白一世，都鐸王朝最後一任君主，她於任內努力應付重要競爭對手西班牙的侵擾，此畫背景彰顯了英西海戰中英軍的勝利。

不過，伊莉莎白仍舊得以在皇室中長大，接受了很好的教育，對於歷史、數學、詩歌和語言都有所掌握，還能夠說、寫六種語言，包括英語、法語、西班牙語、拉丁語、希臘語和意大利語。

亨利八世一生一共有過六位妻子，最後一位、也就是第六任妻子凱薩琳．帕爾（西元一五一二～一五四八年）是在晚年所迎娶的，伊莉莎白在王后凱薩琳．帕爾以及其他教師的影響之下，成為一個新教徒。

在王后凱薩琳．帕爾的勸解之下，亨利八世與兩個女兒和解——姐姐也就是後來的瑪麗一世（西元一五一六～一五五八年）、妹妹就是伊莉莎白，亨利八世並於西元一五四四年通過一項繼承法案，重新賦予兩個女兒王位繼承權。只不過，她們的位置當

協助亨利八世與公主們和解的第六任王后凱薩琳．帕爾。

凱薩琳．帕爾影響伊莉莎白一世成為新教徒。

才是排在弟弟愛德華王子、也就是後來的愛德華六世（西元一五三七～一五五三年）之後。重獲王位繼承權的這一年，伊莉莎白十一歲。

三年後，亨利八世過世，愛德華王子即位。接下來的六年，政府推行的是傾向新教的政策。可是當愛德華六世辭世、瑪麗一世繼位以後，由於瑪麗一世是一位虔誠的羅馬公教信徒，她決心要使英國重回羅馬教會的陣營，新教徒遂遭到迫害，大約有三百名新教徒被殺，連伊莉莎白也被捕，被關進了倫敦塔。儘管後來她被釋放，但是當姐姐在位的那五年期間，伊莉莎白的性命不免動輒就會遭到威脅。

由於瑪麗一世的施政比較殘暴，因此當西元一五五八年，瑪麗一世過世，二十六歲的伊莉莎白繼承王位時，英國老百姓普遍都是相當的歡欣鼓舞。

這位年輕的女王一上臺，馬上就面臨國內外諸多亟待解決的問題，譬如政府的財政吃緊、與蘇格蘭和西班牙兩國之間的關係緊張、與法國正在進行戰爭等等，每一件都很棘手，而最棘手的還是當時英國的宗教分裂。

伊莉莎白決定先處理宗教問題。她在上臺不久便宣布新教為國教。儘管這並不能徹底解決宗教衝突，事實上宗教衝突還在接下去的二十餘年當中多次為伊莉莎白帶來了危險，譬如羅馬的教宗在西元一五七〇年開除她的教籍，揚言要把她廢黜，到了西元一五八〇年教宗甚至宣布暗殺她是無罪的。但面對這一切，伊莉

血腥瑪麗去逝後，伊莉莎白繼位為英格蘭國王。此圖為身著加冕袍的伊莉莎白一世。

莎白始終表現得相當沉穩，非常聰明的利用新教徒深恐天主教有可能會在英國復辟的心理，把自己包裝為反對復辟的象徵，這讓她在英國廣大的新教徒中贏得了堅定的支持。

而在對外政策上，伊莉莎白也處理得很不錯，即位兩年，她便簽訂了愛丁堡協議，和平解決了與蘇格蘭的紛爭。緊接著她讓法國和西班牙兩大強國相互牽制，使英國最大限度避免捲入歐洲大陸的糾紛，利於休養生息、增強國力，然後再結束與法國的戰爭，使兩國關係明顯獲得改善。

英國與西班牙之間的衝突來得比較晚，但是很激烈。幸好伊莉莎白頗有遠見，她很清楚就算自己極力避免戰爭，但是與西班牙終須一戰，因此經過多年的努力，費心建立起一支英國海軍，不僅船隻數量與西班牙海軍相若，船隻質量還更好，擁有更多的火炮，水手也更加訓練有素。後來在她五十五歲那年，當西班牙無敵艦隊來襲時，英國的海軍給予重重回擊。這場海戰除了有效鞏固了英國宗教改革的成果（因為西班牙進軍英國的理由，是因為前一年伊莉莎白處死信奉天主教的蘇格蘭女王瑪莉，而羅馬教宗頒布詔書，號召各國對英國進行聖戰），也確立了英國世界海軍強國的地位，這對英國歷史的發展影響深遠，而且英國還將世界海軍強國這個優勢一直保持到西元第二十世紀。

伊莉莎白一世統治時期被視為英格蘭文藝復興的最高峰。

伊莉莎白在位近半個世紀（西元一五五八～一六〇三年），她透過平息英國天主教和基督教之間的仇恨，成功的使國家保持統一。她性格保守，行事謹慎，座右銘是「我觀看，而且我沉默」。她善於用人，不喜歡戰爭和流血，因此總是靠著與議會合作來行使權力，而不是蠻橫的與議會對抗，這一點似乎頗有乃父之風。

在她統治期間，英國不但成為一個強國，而且在許多方面都發展得比其他統治者在位時期要大得多，因此被稱為英國歷史上的「黃金時代」，很多英國偉大的作家，譬如劇作家莎士比亞（西元一五六四～一六一六年）、哲學家和散文家培根（西元一五六一～一六二六年）都是生活在這個黃金時代。雖然在伊莉莎白統治後期，由於社會矛盾日益尖銳等等，使得「黃金時代」有些蒙塵，但總的來說，伊莉莎白確實還是一位相當了不起的君王。

伊莉莎白享年七十歲。她終身未嫁，因此在「光榮女王」、「英明女王」等眾多美譽之餘，也被稱為「童貞女王」。英國議會曾經多次懇求女王應該盡早選擇夫婿，好為王室生養繼承人，可伊莉莎白總是搖頭，表示只要一考慮到國家利益，就會深感婚姻之事難以抉擇，因為，如果是選擇一位外國的夫君，她擔心會讓英國無法保持中立的外交政策，而如果是嫁給一個英國人，又擔心會誘發宮廷鬥爭。

英國科學家、哲學家培根曾說：「知識就是力量。」他在《新工具論》裡提出歸納法的觀點，啟發後世對於科學研究的理解。

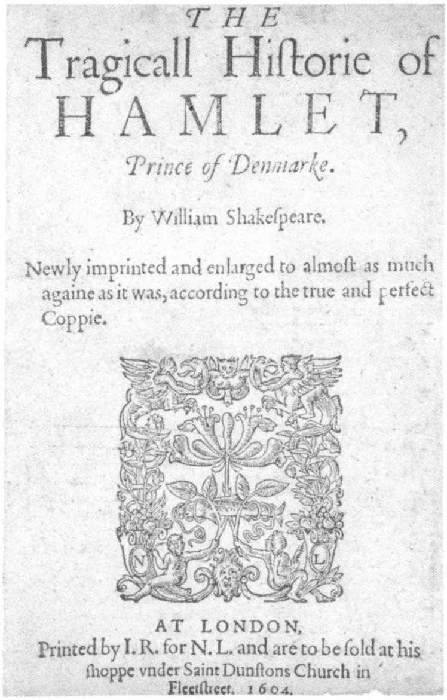
THE
Tragicall Hiſtorie of
HAMLET,
Prince of Denmarke.

By William Shakeſpeare.

Newly imprinted and enlarged to almoſt as much againe as it was, according to the true and perfect Coppie.

AT LONDON,
Printed by I. R. for N. L. and are to be ſold at his ſhoppe vnder Saint Dunſtons Church in Fleetſtreet. 1604.

莎士比亞四大悲劇之一《哈姆雷特》。

莎士比亞的喜劇《仲夏夜之夢》，西元 1786 年畫作。

無論如何，由於伊莉莎白沒有子嗣，西元一六〇三年、在剛剛進入西元第十七世紀的時候，隨著她的過世，在英國持續了一百一十八年的都鐸王朝（西元一四八五～一六〇三年）也就宣告終結，繼位的是詹姆士一世（西元一五六六～一六二五年）。

2 詹姆士一世

詹姆士一世，是蘇格蘭斯圖亞特王朝的第九位國王，當年因母親瑪莉女王（瑪莉・斯圖亞特（西元一五四二～一五八七年））被廢黜，而成為蘇格蘭國王。他登基時年僅一歲，十七歲時親政，二十年後入主英國，開啟英格蘭、蘇格蘭以及愛爾蘭共主聯邦的時代，也是英國斯圖亞特王朝的第一位國王。

說起來詹姆士一世和伊莉莎白一世還有些親戚關係，他的母親瑪莉女王是伊莉莎白

英國國王詹姆士一世，同時也是蘇格蘭國王詹姆士六世，迷信君權神授之說，雖與國會多有摩擦，但對於國家社會穩定多有貢獻。

一世的表姪女，是一個天主教徒，西元一五六七年被廢黜，並被逐出蘇格蘭，翌年避難於英格蘭，但隨即就被伊莉莎白一世囚禁起來，而且這一關就是十九年，直到西元一五八七年以謀反罪被處死，沒想到十六年之後，她的兒子反而成了英國的國王。

儘管伊莉莎白一世從未正式任命蘇格蘭國王詹姆士六世為繼承人，但是在她晚年、尤其是在她不得不明確指名繼承人時，她確實是愈來愈傾向於選擇蘇格蘭國王。於是，當伊莉莎白一世一死，時年三十七歲的蘇格蘭國王詹姆士六世，就這樣成了英王詹姆士一世。這也是斯圖亞特王朝入主英國的開始。

這麼一來，英格蘭與蘇格蘭共戴一君，原本未嘗不是一件好事，只不過由於兩國的議會、教會和法律制度並未跟著統一，詹姆士一世在英格蘭顯得很是水土不服。

比方說，蘇格蘭並沒有英格蘭式的國會（尤其是下議院），偏偏詹姆士一世很迷信君權神授之說，喜歡用神學的論點來詮釋君主專制的原則，他宣稱君主的權力是來自上帝，君主便是「凡間的神」，是全民之父，可以按照自己認為最適當的方式來照顧人民的福祉，而且超越於所有黨派、集團或私人利益之上，也就是說，國王在施政時不應受到國會、教會或者過去的法律和習俗所限。簡單來講，詹姆士一世的信念就是「君主源自上帝，法律出諸君主」。

但是，英格蘭可是一個擁有悠久議會政治和習慣法傳統的國家，連都鐸王朝都無法做到的君主專制政體，一個外來的王朝怎麼可能辦得到呢？詹姆士一世不受英國人的歡迎可以說是必然的，很多人甚至形容詹姆士一世為「基督教世界中最聰明的笨瓜」。

不可諱言，身為英王，詹姆士一世面臨著不少難題，譬如財政問題、宗教問題、對外政策問題等等，每一個問題國王都得和議會合作、獲得議會的支持，方能有所行動。比方說，即使是屬於國家緊急需要，想要徵收土地稅和其他稅收也必須先經過國會通過；另一方面，如果想要國會合作來通過新稅，可想而知國會又必然會要求控制政府的政策。萬一國王不經國會同意就逕行徵稅，不僅有違傳統，更會被視為暴政。

諸如此類，由於詹姆士一世的很多政策（譬如與天主教國家友好），以及他自身對於君權神授說的推崇，造成他與國會的關係十分惡劣，國會更成了反對詹姆士一世的大本營。其實，別說國會，就是一般英格蘭國民對詹姆士一世也頗為不滿，這間接引發了西元一六四九年與一六八八年的兩次革命。

但平心而論，詹姆士一世在位二十二年，對整個英國還是頗有建樹，譬如在他即位的四年後（西元一六〇七年）就成功的在北美殖民，完成了伊莉莎白一世的遺願；另外，在「三十年戰爭」爆發之後，歐洲大陸多少君王和大臣不斷想要拉英國參戰，詹姆士一世卻始終不為所動，使英國社會避免了戰禍，而得以積極從事於各項發展；更何況就算詹姆士一世無法解決英國內部一些高度對立的問題，但只要想想他能夠維持英國超過二十年的政局平穩，其實已經是一項了不起的成就了。

此外，雖然有不少文獻都記載詹姆士一世生活奢靡、言行粗魯，但也有文獻形容他是一位飽學之士。相傳有一回他在參觀牛津大學圖書館時，望著館內豐富的藏書，發出一番感慨：「哎，如

英國探險家約翰·史密斯登陸新大陸，於維吉尼亞州建立詹姆士鎮，意味著英國展開對於新大陸的殖民。

果我不是國王，我真願意做這兒的囚徒。」

愛書之情，或者說熱愛知識之心，真是溢於言表。據說詹姆士一世的讀書量之大，居當時歐洲君王之冠。或許就是因為這個緣故，有學者指出詹姆士一世一生最值得稱道的成就也與圖書有關，那就是他下令編纂英文版的聖經。後來，英文就是隨著這本聖經，深入到英國社會的各個階層，成為一種真正具有普遍性的讀寫文字。英語能成為當今世界最通用的語言，也是從這個時候奠定的基礎。

不少學者都認為，詹姆士一世在這方面的貢獻完全可與莎士比亞的戲劇並稱，甚至還要更偉大。

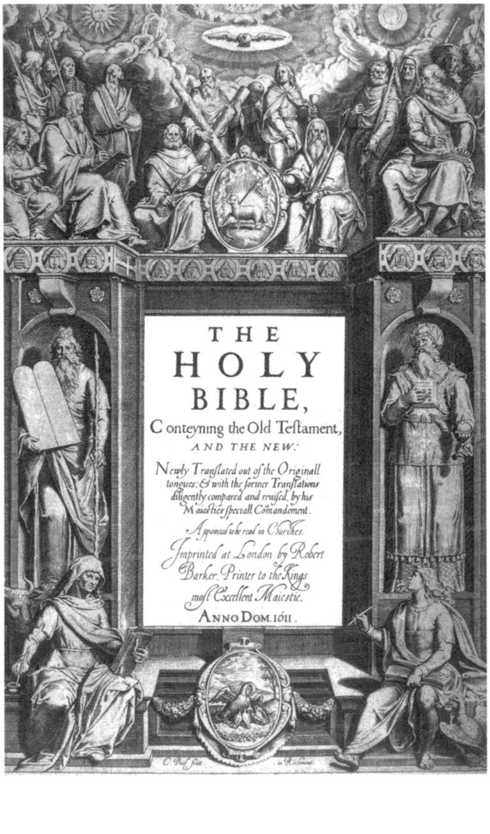

詹姆士一世下令編纂的英文版聖經，促成英文的通行。圖為聖經之書名頁。

3 內戰與克倫威爾的統治

西元一六二五年，詹姆士一世去世，享年五十九歲，二十五歲的兒子查理一世（西元一六〇〇～一六四九年）繼位。

查理一世雖然是在英格蘭長大，按書上的描述，風度儒雅，私生活嚴謹，對朋友也非常忠實，可惜不是一個優秀的政治家，而且和他父親一樣，依然非常迷信君權神授的理論，也反對清教徒；再加上他即位時比父親當年獲取英王大位要年輕了十幾歲，政治手腕更為稚嫩，這些因素都使得他在上臺以後與國會之間的關係更加惡化。在面對僵局時，查理一世的應對非常幼稚，甚至會以非常粗暴、幾近意氣用事的方式解散國會。

在他即位三年以後，查理一世為了要籌措對法戰爭的費用，被迫召開第三屆國會。在此之前他已兩次解散過國會。於是國會就把握機會，在通過撥款之前向國王上了一分「權利請願書」，提出下列要求：

- 國王未經國會同意不得徵稅。
- 軍隊不得占住民房。
- 平時不得宣布戒嚴法。
- 未經法定程序不得逮捕人民。

英國國王查理一世著迷於君權神授說，因此，他試圖要把英國的政治運作模式改成為絕對君主專制，造成多場內戰的爆發。

面對這樣的「請願」，查理一世自然是很惱火，但為了爭取撥款，也只能勉為其難的接受，可不久，他又自己破壞了規定。這麼一來，國會當然也非常不滿。翌年，查理一世和國會之間的矛盾益形尖銳，於是他又使出解散國會的老辦法，而且此後長達十一年都不曾召開國會。

很明顯，查理一世想要進行專制統治，希望讓英國有一個良好且很有效率的政府。如果當時查理一世成功了，英國的憲政發展很可能就會與法國相仿，然而，查理一世的施政幾乎每一項都遭到了強烈的反彈。

譬如，他在愛爾蘭的改革，就招致很多英格蘭地主的反對，因為他們在愛爾蘭都擁有土地；又例如，他想推行全民共同承擔海軍建設（過去海軍建設只與沿岸地區人民有關），引來所有有財產的人齊聲抗議；他想用加強國教化的方法來拔除清教徒派的勢力，更是引起了激烈的抵抗，甚至在西元一六三九年和一六四〇年，蘇格蘭長老會信徒為此發動了兩次「主教戰爭」，對此，查理一世無力平定，還引發了更嚴重的事端……檢討起來，這些紛爭都歸結於查理一世錯估了蘇格蘭的情勢所造成的。

為了討平蘇格蘭叛亂所需要的經費，查理一世不得不在西元一六四〇年四月中旬召開國會。這次國會後來被稱為「短期國會」，因為召開還不到一個月，就又被查理一世給解散了。

可是，眼看蘇格蘭的問題愈來愈嚴重，蘇軍還悍然侵入英格蘭北部，查理一世只好再次召開國會。這次國會的組成分子，大半是由上回短期國會的成員所組成，而且他們的態度都非常堅決，主張在討論軍備撥款之前，必須先解決政治與宗教問題，這就形同革命了。

這次的國會後來持續了二十年沒有改選，因此又被後世稱為「長期國會」，克倫威爾（西元一五九九～一六五八年）是其中主要的領袖之一。「長期國會」召開的這一年，他四十一歲。

參與「長期國會」的大多都是擁有清教徒信仰的鄉紳，並且都得到工商階層的支持。國會也決定要好好限制王室的權力，不能再任由國王胡來。於是在接下去的一年多時間裡，他們鐵腕的剷除了國王的黨羽、撤銷了所有國王專制的御用機構（譬如「星法院」）、廢止了一切國王可以不經國會同意而徵收的稅捐等等。此外，國會還通過一項「三年法」，規定以後國會至少每隔三年就要召開一次，即使沒有國王的詔命也要如期召開。

此時在這個清教徒色彩濃厚的「長期國會」中，成員的態度還是相當一致的，之後情勢就慢慢演變，當國會提出一項廢止主教制度的法案（意味國會將要從改革政府進而改造教會）時，成員就開始意見分歧了，有人主張要建立王室與國會之間一種平衡均等的關係，不贊成太過激進。

又過了一段時間，支持國王與支持國會的人形成了敵對之勢，分裂為兩個陣營，前者稱為「騎士黨」，後者稱為「圓頭黨」，雙方都各有來自社會各個階層的分子。以英國的國土來看，大致上，北部和西部是支持王室，東部、南部和倫敦則支持國會。從西元一六四二年至一六四六年（此時歐陸「三十年戰爭」已近尾聲），「騎士黨」和「圓頭黨」展開了內戰。

這場內戰長達四年，頭兩年內並無決定性的勝負，大體來說是騎士黨的王軍較占優勢，可戰爭最後的結果，卻是圓頭黨的國會軍取得了勝利。

因成員們多將頭髮理短，相較於當代的長捲髮及假髮，顯得頭型較圓，而有「圓頭黨」之稱。

國會軍獲勝的原因很多，包括：他們爭取到蘇格蘭軍出兵相助；以及海軍向國會投誠，制海權被國會控制，造成王軍很難從海外補給；國會軍獲得倫敦和工商階級的支持，國會軍的人口與財力均大於王軍等等；另外還有一個非常重要的因素，就是圓頭黨的克倫威爾效法瑞典軍隊，成功訓練了一支新軍，這是一支有主義與信仰的「鐵軍」。

在內戰的後兩年，情勢漸漸對王軍不利，王軍屢遭敗績，損失慘重，譬如有一支王軍被克倫威爾的鐵軍所擊敗之後，王軍頓時就喪失了北部的地盤。查理一世苦撐到西元一六四六年，在無奈之餘只得向蘇格蘭軍投降。

然而，內戰並沒有因此而結束。一年半後（西元一六四七年十二月），查理一世與蘇格蘭人達成協議，承諾將讓長老教會成為國教，並取締國教派和獨立教派，來換取蘇格蘭以武力助他復位，於是翌年便又爆發了第二次內戰，這一次的交戰方是英格蘭與蘇格蘭，同時也是「王黨與議會派」和「長老教會與獨立教派」之間的戰爭。

戰爭結果，仍然是由克倫威爾這一方取得勝利。西元一六四九年初，查理一世被斬首處

西元 1645 年在那斯比戰役中國會軍大敗王軍，圖中騎白馬者為圓頭黨的軍事領袖克倫威爾。

死，享年四十九歲。

清教徒革命終於演出了弒君的悲劇。查理一世是英國歷史上唯一被公開處死的國王，也是歐洲史上第一個被公開處死的君主。

查理一世死後，從西元一六四九年至一六六〇年的十一年當中，英國不再有王朝統治，前面四年是採取「國協體制」，之後就採取「攝護政體」。不過從西元一六四九年至一六五八年的整整九年，克倫威爾是真正的權利中心，直到他過世為止。

其實克倫威爾的統治缺乏法理上的基礎，軍隊是他唯一的憑藉，這就使得他必然要面臨一連串的挑戰，尤其是在查理一世被砍頭以後，人民又普遍哀憐起查理一世的命運。緊接著，三分之一的海軍忽然改變之前的態度，轉為附和王黨，歐陸各國譬如法國、荷蘭、西班牙，也都對他的政權抱持著敵對的態度，美洲各殖民地的態度亦頗為不友善，蘇格蘭與愛爾蘭更是起而反抗，並擁立查理一世的

英國國王查理一世被逮捕後，設法逃脫，前往蘇格蘭尋求協助，此舉激怒國會，造成第二次英國內戰。這場內戰過後，查理一世被斬首。

兒子……總之，情勢十分險惡，克倫威爾花了四年的時間到處征戰，好不容易才總算穩住了局面。

而在西元一六五二年之後，克倫威爾又透過與荷蘭、西班牙的戰爭，使英國的海權與國際地位均獲得大幅的提高。克倫威爾在英國歷史上是一位有著相當影響力的人物。但是，他窮兵黷武的結果自然也造成財政困難，即便實行了高徵稅，又充公了很多王室財產、教會土地等等，但是政府的收支還是不能平衡，最後的解決之道只能是裁減軍隊。

在查理一世剛剛被殺之後的四年之內，英國（不列顛各島）被宣布為「共和政體」，王室與上議院同遭廢除，但是自西元一六五三年之後，克倫威爾的統治進入攝護政體的階段，實際上已經是君主政體的重建，只不過此時是由克倫威爾這個護國主來行使國王的職權而已。同時，在西元一六五五年以後，克倫威爾的政權根本已是軍事獨裁統治，造成民怨沸騰。大約過了三年左右（西元一六五八

獨裁者克倫威爾是領導圓頭黨打敗騎士黨的重要人物，廢除君主專制，改以共和治理國家，被擁戴為護國公。

年），克倫威爾因病過世，享年五十九歲，至死都還未能為他的政權建立法理基礎。等到他的兒子繼位，因為能力太差，完全無法控制大局，在位僅僅一年便主動宣告退位。

4 復辟與光榮革命

「復辟」的意思，是指失位的君主復位。在克倫威爾的兒子退位以後，那位被砍頭的國王查理一世的長子，也就是日後的查理二世（西元一六三〇～一六八五年）又成為英國的國王，被視為斯圖亞特王朝的復辟，因為查理二世是詹姆士一世（詹姆士．斯圖亞特）的直系血親，是詹姆士一世的孫子，而當年（西元一六〇三年）詹姆士一世是以蘇格蘭國王的身分成為英王，是斯圖亞特王朝入主英國的開始。

在內戰後期，西元一六四五年，十五歲的查理二世被父親派往西英格蘭，擔任王軍名義上的總司令，可是由於此時王軍已經居於劣勢，經常吃敗仗，查理二世不得不倉皇離開英國，聽父親之命前往巴黎與母親會合。

三年後，在第二次內戰期間，十八歲的查理二世擔任了反叛國會軍的兵艦總司令，因戰事吃緊被迫返回荷蘭的基地，短短幾個月之後，他得到了父親被處決的消息。從此長達十一年，也就是在克倫威爾統治期間，查理二世一直致力於想要奪回蘇格蘭和英格蘭的王位。

這個過程當然是無比的艱辛，即使是在二十歲那年，查理二世曾經被一股反對克倫威爾的力量加冕為蘇格蘭國王，並於同年八月率軍入侵英格蘭，但是在一次戰役中遭到潰敗，之後，只得在英國各地流浪了四十多天，還曾經在樹上過夜，境遇簡直就跟乞丐沒有什麼差別，在吃盡苦頭之後，總算在翌年下半年到達法國，但法國和荷蘭都拒絕接納他，於是他又輾轉來到西班牙，而歐洲各國的君主對他的態度也都相當冷淡……查理二世就這樣在海外流亡了九年左右，終於時來運轉。

或許是年輕時這段流亡歲月的影響，使得查理二世養成了一種及時行樂的生活態度，三十歲復辟後，他在位二十五年（西元一六六〇～一六八五年），以「歡樂王」、「快活王」聞名。

協助戰敗的保王黨羽躲藏的清教徒婦女。圖為19世紀英國畫家所繪。

戰敗的查理二世藏身樹上以躲避追兵，後輾轉流亡歐洲。

如果不是克倫威爾的兒子能力那麼糟糕，查理二世大概就不會等到復辟的機會。當克倫威爾的兒子退位以後，局勢相當混亂，最後出面收拾殘局的是蘇格蘭占領軍的統帥蒙克（西元一六〇八～一六七〇年）。蒙克率軍來到倫敦，召集舊有的「長期國會」復會，然後在蒙克的同意下，國會與查理二世（當然，此時還是查理王子）展開交涉，希望他承認國會的權力，接受自十一年前他父親查理一世過世以來所有人民出於自願的財產轉移，同意信仰寬容，盡快撥發軍隊欠薪以及舉行大赦等等。對於這些條件，查理二世沒有討價還價，全部接受。

於是，繼「長期國會」後，根據自由選舉所新成立的國會，便擁立查理王子為王。

隨著斯圖亞特王朝而復辟的還有英國國教會與國會。從法理上來說，此時英國似乎一切又都回到二十年前查理一世還在位、內戰尚未正式爆發之前。當年長期國會所制定的法規，那些曾經被查理一世同意過的，也全部有效。

更進一步來說，在西元一六六〇年英國所復辟的，並不是那種君權神授的王朝，而是一種中庸的議會政治。無論是君主專制或是共和政體，從此都在英國絕跡。

其實，查理二世很受到母親的影響，也信仰羅馬公教，同時他跟父親一樣，也嚮往君主專制，不過，他畢竟從少年時代開始就經歷了不少磨難，那段飽經憂患的歲月無疑非常的刻骨銘心，如今居然能在三十歲時戲劇化的成為英國國王，對他來說自然是一種極大的幸運，沒有不好好珍惜的道理。

他知道如何與人民相處，如何應付自己不喜歡的人。隨著查理二世的復辟，表面上英國社會似乎一派祥和，似乎又回到了「過去的歡樂時光」，清教徒革命時代的一些禁令也陸續被廢除，運動和舞蹈再度成為人民活動的項目，過去一度被清教徒禁止的戲院業也復興了。

然而實際上，英國社會仍隱藏著洶湧的暗潮，比方說，由於王黨分子在查理二世復辟隔年的國會中占了多數（這個國會因此被稱為「王黨國會」），對於查理二世輔政大臣採取寬大政策、無意報復內戰以來國會派人士的做法，感到非常不滿，於是他們從這年起至一六六五年，在四年之間通過了一連串的法規來杯葛清教徒，做為報復，包括非國教徒不得擔任公職、不得從事政治活動，他們的子女也無法接受較好的教育等等，這些限制無疑損及到許多中產階級人士的利益。

與此同時，儘管查理二世的政治手腕比父親要高明，但仍然不免會與國會發生不快；主要的衝突仍在於財政和宗教問題。

按規定，國王每年的收入大約有一百二十萬英鎊，但查理二世性喜揮霍，又要維持一支常備軍，經常有捉襟見肘之感，他希望增加預算，但國會不同意；而在宗教方面，查理二世傾向羅馬公教、羨慕法國的專制政體，這又是大家都知道的事，不少人都對此表示了不滿。

尤其是在西元一六七二年，當查理二世的弟弟約克公爵（西元一六三三～一七〇一年）宣布信奉羅馬教會時，舉國震驚，因為約克公爵是王位繼承人，這使得很多人非常憂慮，如果日後約克公爵登基為王，英國豈不是又要被天主教（羅馬公教）的勢力所把持。

偏偏就在約克公爵宣布信奉羅馬教會之後不久，查理二世頒布了一項「寬免宣言」，中止國會在之前通過的那些不利於非國教徒的各種法規的效力。雖然查理二世宣稱自己的本意是在寬容所有的非國教徒，但任誰都看得出來，想要提倡羅馬公教的信仰才是他真正的用意。

查理二世這種親羅馬公教以及親法國的政策，引起了很多的猜疑和反對，在國會內部甚至產生了一個想要排除約克公爵王位繼承權的行動。

不過，也不是所有人都贊成這麼做。在排除法案的爭論期間，形成兩大陣營，分別是「惠格黨」和「托利黨」。前者主張要排除約克公爵的王位繼承權，他們是猜忌國王、天主教徒和法國人的一群人，受到一些大貴族、工商業人士和中產階級的支持；後者則擁護王室（但並不主張專制統治），以鄉紳和一些較小的貴族為主，可以說都是內戰期間王黨或騎士黨的後裔。

由於兩黨之間不斷的拉鋸，直到西元一六八五年查理二世過世的時候，針對約克公爵的這項排除法案仍未成為法律，因此，約克公爵在信奉羅馬教會的第十三年後，還是得以繼位，成為詹姆士二世。

而查理二世則是在死前才公然宣布正式加入羅馬教會。

詹姆士二世即位以後，英國又有了一位信奉天主教、心儀君權神授理論的國王。詹姆士二世處處加強集權，並且積極扶植天主教的勢力，可想而知國王與國會之間的矛盾日益尖銳。即使詹姆士二世所召集的國會已經具有濃厚的保皇色彩，依然無法與他配合。

不過，由於詹姆士二世即位時已經五十二歲，又沒有兒子，只有兩個女兒，長女名叫瑪麗（即後來的瑪麗二世，西元一六六二～一六九四年），嫁給荷蘭大統領威廉（即後來的威廉三世，西元一六五〇～一七〇二年），另外一個女兒名叫安妮（西元一六六五～一七一四年），嫁給丹麥國王。瑪麗與安妮都是新教徒，因此有不少人樂觀的想著，只要等到將來詹姆士二世過世以後，英國就可以順理成章從天主教的勢力中解脫出來。

不料，詹姆士二世在即位三年之後又得了一個兒子，並立即讓這個新生兒受洗為天主教徒，這麼一來，很多人就按耐不住了。隨即，「惠格黨」和「托利黨」兩黨領袖一共七個人，簽署了一分邀請書，邀請威廉與瑪麗夫妻來統治英國，結束天主教的「暴政」。此時由於荷蘭正在與法國作戰，威廉對此邀請當然十分歡迎。

就在詹姆士二世喜獲麟兒近半年以後，他的大女婿威廉率軍登陸英格蘭，而且獲得全英國響應，於是，詹姆士二世在眾叛親離的情況之下，只得於同年（西元一六八八年）年底逃亡法國。

得知詹姆士二世外逃之後，英國立即召開國會，奉威廉與瑪麗為君主，同時，由於自內戰以來所有的爭執以及政教制度，都在這兩年期間（西元一六八八～一六八九年）獲得了解決，因此被後世稱之為「光榮革命」，意思是說在沒有內戰和流血的情況之下，解決了長期未能處理好的政治與宗教的問題，建立了國會至上的原則，以及契約政府的典型，日後若有任何君主違反此一原

逃亡的詹姆士二世與法王路易十四的會面。

光榮革命以不流血著稱，在這場革命中，詹姆士二世遭到驅逐，並且威廉瑪莉夫婦被邀請入主英格蘭。圖為威廉瑪莉夫婦的版畫。

則就可以被推翻。從此，無論是在立法或是行政，國會都成為最高的威權。

詹姆士二世就這樣成為最後一位信奉天主教的蘇格蘭、英格蘭及愛爾蘭國王。

英國「光榮革命」象徵著反抗暴政的權利，並且確立了議會政府與法治，在此期間通過的一些法規合稱「革命約法」，代表著光榮革命的成就，比方說，英國政府從此再也不曾因為宗教信仰的原因而迫害、囚禁或是遷徙人民。

西元一六九四年，瑪麗二世死於天花，死的時

英國透過光榮革命確立了議會至上原則、君主立憲體制，以及許多法規制度。圖為將權利法案呈給威廉瑪莉雙王的景象。

候才三十二歲，夫妻共治時期也宣告結束，接下來威廉（威廉三世）便單獨執政。這樣又過了八年，等到威廉過世以後，便由瑪麗的妹妹安妮繼位。

安妮在位十二年，在位期間有兩件大事：一，西元一七〇七年透過聯合法，蘇格蘭選派十六名貴族參加上議院、四十五名議員出席下議院，兩國合而為一，改以「大不列顛聯合王國」為名；二，參加了西班牙王位的繼承戰。

安妮女王雖然有十七個子女，但均早夭，西元一七一四年，當她一辭世，英國議會為了防止天主教徒繼位，遂選出詹姆士一世外孫女的兒子、漢諾瓦選侯喬治（西元一六六〇～一七二七年）入繼為王，是為喬治一世。這也是漢諾瓦王朝的開始。

喬治一世是德意志人，母語是德語，再加上他有語言障礙，所以不會說英語，而且他似乎也不想去學，但是他在位這十三年（西元一七一四～一七二七年）是英國歷

威廉和瑪麗夫婦過世後，王位傳給詹姆士二世之女安妮女王。

史上一段非常重要的時期，他所開啟的漢諾瓦王朝一直到維多利亞時代（至西元一九〇一年），前後一百八十七年，是英國歷史上的黃金時代。

5 內閣制度的形成

從政治制度上來看，英國光榮革命獲得了豐碩的成果，包括：議會政府、兩黨制度，另外還有責任內閣制度，也是非常重要的。

關於「內閣」這個詞，有這麼一個典故；原來在「快活王」查理二世時期，因為他覺得樞密大臣的人數太多，便經常只從中挑選五位親信大臣在宮廷內共商國是，由於聚會的地點經常是在一個小密室（Cabinet）裡，所以後來 Cabinet 這一詞就成為「內閣」的意思。

可以這麼說，英國的內閣是從樞密院分裂出來的，內閣所做的決定也都是用「樞密院令」的名義來發布，但內閣制度其實是長期演變而成的一項政治傳統，並沒有什麼法律上的依據。

那麼，「責任內閣」又是怎麼來的呢？這是在光榮革命以後，威廉三世接受建議，在選擇主管行政的大臣時，任用黨派領袖，而且這個人選所屬的政黨，是在國會中占多數的黨。不過必須強調的是，國王之所以這麼做只不過是為了方便，並不是出於什麼義務，法律並沒有規定一定要如此，此時威廉三世還是一位可以總攬軍政大權的君主。

等到漢諾瓦王朝入主英國之後，情況就開始慢慢有了變化。喬治一世從德意志來到英國登基時已經五十四歲，他不僅語言不通，對英國的政治也沒有什麼興趣，便經常委政於大臣，特別是委政給「惠格黨」的大臣，因為相較於「托利黨」，「惠格黨」比較支持漢諾瓦王朝，在國會中也正好占了多數。

「惠格黨」的領袖華波爾（西元一六七六～一七四五年），從西元一七二一年開始，長達二十一年間大受喬治一世和喬治二世（西元一六八三～一七六〇年）的寵信和重用，經常代表國王主持內閣會議，位高權重。華波爾本是財務大臣，後來卻集內閣首長與國會多數黨領袖於一身，是實際上

華波爾爵士，英國歷史上首位閣揆。活躍於喬治一世與喬治二世時期，深受國王的信任。

的「政府首腦」，而不僅僅只是國王和國會的臣僕，可以說，他是第一位具有近代政治學意義的首相。他在倫敦唐寧街十號建立起總部，用恩賞、特惠與賄賂等手段來控制內閣與國會。

無論如何，內閣制度就這樣逐漸形成了，從此閣揆（行政首長）都是以身兼國會中多數黨的領袖來擔任，這成為一項慣例。而華波爾也確實頗能知所進退；西元一七四二年，當他失去了國會中的多數時，儘管當時他還是保有君主的信任，但他依然決定去職，並不戀棧。

原本屬於王室的諸多重要權利，包括組閣、解散國會和理政等等，就這樣逐漸移入內閣之手。接著，內閣也逐漸發展出集體負責的原則。簡單來講，就是內閣各個首長在相互負責的精神下，大家以一致的政策，集體向下議院和全民負責。如果內閣在下議院失去了多數的支持，就只能辭職或是解散國會。

此外，內閣是以「英王陛下政府」的名義來施政，一旦在大選中失敗便喪失對國會的控制，這個時候就必須由反對黨來另組新的內閣。

回顧英國內閣制度的形成，我們可以發現，光榮革命使君主專制的理論和政體都受到了強烈的衝擊，並且隨即刺激開展了英國政治天地的新範疇；國會與王室爭權的結果，造成了議會政府的興起，使得國會有權、政府有能。

這種用立法來控制行政的辦法，無礙於建立一個有效率的政府。特別是責任內閣制度和兩黨政治傳統的形成，後來一直被其他許多民族大為羨慕。

第三章 法國的全盛時期

三十年戰爭之後，法國是整個歐洲最具影響力的國家，
它的行政組織、外交甚至戰略戰術，都成為各國效法的典範，
語言、思想、文學、建築、服飾、烹飪等等也都風行全歐，
法王路易十四的凡爾賽宮更是奢華與權貴的代名詞。
這一切成就，要歸功於「波旁王朝」建造者亨利四世所奠下的豐厚基礎……

西元一六四八年，「三十年戰爭」結束以後，由於德意志的崩解，以及東邊領地飽受土耳其勢力的威脅，使得神聖羅馬帝國欲振乏力，而此時西班牙已日趨衰落，英國則是陷入內戰和革命。在這樣的情況之下，法國遂理所當然的順勢崛起……

不過，必須強調的是，法國之所以能夠崛起，它的實力早在「三十年戰爭」爆發之前就已經打好了基礎。在這裡我們就要先來認識法國歷史上一位非常重要的君主——亨利四世（西元一五五三～一六一〇年），他是「波旁王朝」的首位國王，「波旁」是他的姓氏。

「三十年戰爭」是在亨利四世過世八年以後才爆發的。

亨利四世是波旁王朝的建立者，以賢明的統治深獲愛戴，被尊稱為亨利大帝。

1 法國的重建

在西元第十六世紀末，幾乎可以說是亨利四世重建了法國。這是因為亨利四世在西元一五九八年四月十三日在**南特**頒布了著名的「南特詔令」，承認了法國國內胡格諾教徒（或譯作「休京拉教派信徒」）的信仰自由。

南特——位於布列塔尼地區，在法國的西部。

從馬丁・路德（西元一四八三～一五四六年）在西元一五一七年提出著名的《九十五條論綱》（正式名稱為《關於贖罪券的意義及效果的見解》）開始算起，宗教改革的浪潮很快就席捲了整個歐洲，在一五四〇年代，屬於新教的喀爾文教派開始在法國傳播，稱為胡格諾教，但當時法國南部不少大的封建貴族之所以會信奉胡格諾教，實際上都是帶著私利的色彩，企圖利用宗教改革運動來達到奪取教會地產的目的，他們與北方那些信奉天主教的大封建貴族產生了明顯的利害衝突，最終演變成長期的內戰。

正是由於天主教和新教之間激烈的對抗，對西元第十六世紀的法國造成了嚴重的破壞。

亨利四世在十六世紀末（西元一五八九年）即位為法蘭西國王，開創了波旁王朝。他從一上臺就致力修復國內長期以來的分歧。他認為解決宗教問題是當務

Henry par la grace de dieu Roy de France et de Navarre

亨利四世頒布《南特詔令》，採取寬容的立場，給予胡格諾教徒信仰自由。

之急，否則國內的和平與秩序將遙遙無期，因此他所頒布的「南特詔令」著實意義非凡。

根據「南特詔令」，新教徒從此與天主教徒享有平等的公民權利，均有擔任公職和接受天主教大學教育的同樣機會；在一些高等法院中也設立有新教徒參與的混合法庭，來保障新教徒的權益；他甚至還准許一百多個城鎮（大多都在法國的南部和西部）擁有地方武力，這些城鎮都有一個共同的特點，那就是居民當中都是新教徒占多數。

「南特詔令」是世界近代史上第一個有關宗教寬容的敕令，也是自羅馬帝國之後，歐洲史上第一次宗教並存的政策，雖然這個敕令一經頒布後立即遭到天主教徒的強烈反對，但亨利四世還是頂住了壓力，一方面以「宣布天主教為國教」來做為安撫，另一方面在即位四年以後放棄了自己原來的胡格諾教的信仰，而改信天主教。

「南特詔令」執行了長達八十七年，直到亨利四世的孫子路易十四（西元

法國的宗教內戰持續數十年，其中，西元 1572 年的聖巴托羅繆大屠殺重挫胡格諾教派教徒的勢力，更進一步的激化天主教與胡格諾教派之間的對立。

一六三八～一七一五年）於西元一六八五年頒布「楓丹白露敕令」，宣布基督新教為非法之後才告廢除。

後來的事實證明，亨利四世這種宗教寬容的政策非常賢明，不僅在當時結束了法國國內長達三十幾年的宗教戰爭，為民族國家的統一和經濟的復甦創造了條件，王權也得到振興，還慢慢消除了內在的矛盾，到了西元第十七世紀，法國還因此產生了不少傑出的新教徒，服務於軍政各界，這是整個國家之福。

就在亨利四世頒布「南特詔令」的同年，原本一直與法國為敵的西班牙，也終於因為財政困難而與法國締和，並承認了亨利四世的法王地位，然後將過去多年來所占奪的土地全部歸還給法國。這也是亨利四世的一大成就。

在恢復了國內外的和平以後，亨利四世就全力從事重建法國的工作。

亨利四世的行事作風非常穩健，比方說，對於那些邊境各省的地方首長，即使眼看他們坐擁兵權、尾大不掉，但亨利四世很清楚這都是由於過去長期戰亂所造成的，所以現在必須特別的耐心以對，要以溫和漸進的方式來處理，一步一步的擴張王權，不能粗暴的採取什麼行動、貿然剝奪他們什麼權力，以免刺激他們叛變。

當然，國家的重建、包括維持軍備都需要充裕的財政，偏偏法國在歷經長期戰亂之後，國庫十分空虛，這也是亨利四世所面對的一大困境。為了解決這個難題，亨利四世重用蘇利公爵（西元一五六〇～一六四一年）來從事財政改革的工作。

蘇利公爵比亨利四世小七歲，也是胡格諾教徒，曾經與亨利四世並肩作戰，君臣之間擁有良好的默契，配合得非常理想，後來蘇利公爵不僅擔任亨利四世的財相，也是亨利四世得力的輔佐。

蘇利公爵大力獎勵農業和畜牧業，認為這是國家真正的財富保障，但同時也很注意工商業的發展。他主張產品自由流通，對於道路、橋梁、運河、港灣的修築與維護，也是不遺餘力。後世對蘇利公爵的評價頗高，咸認他對法國宗教戰爭之後的復甦有著重大的貢獻。

亨利四世於西元一六一〇年五月十三日在巴黎遇刺，翌日身亡，享年五十七歲。兇手是一個狂熱的天主教徒。

在他過世以後，百姓大為悲慟，都發自內心的哀悼這位把法國從一片廢墟中重建的國王，讚美他為「好王亨利」、「賢明王亨利」。

亨利四世擔任法國國王二十一年，在他三十六歲上臺的時候，法國還是一個爛攤子，百姓們每天辛辛苦苦的為生活掙扎，卻往往連最便宜的雞肉也吃不起。亨利四世曾表示，自己的理想就是「要讓每一個法國人的鍋子裡有雞」。結果，經過多年的改革，法國經濟顯著好轉，大家的生活與過去相比要好了很多，普通人也真的都吃得起雞肉了。

總之，亨利四世是法國歷史上一位難得的國王，無論人品或政績都獲得好評。他使得法國在長期的混亂之後，重新建立一個統一且蒸蒸日上的局面。

亨利四世一死，他和蘇利公爵曾經有過的想要統合歐洲的理想，也就化為了泡影。事實上，打從亨利四世過世，其子路易十三（西元一六〇一～一六四三年）繼位，蘇利公爵的政治生命也隨之完結，隔年即黯然引退。

由於此時路易十三年紀太小，年僅九

西元 1610 年，亨利四世遭到狂熱天主教徒刺殺。

歲，便由時年三十七歲的母后**瑪莉・德・麥地奇**（西元一五七三～一六四二年）攝政。在接下去的十四年間，法國再度陷入失政和混亂，亨利四世之前的成就差點被破壞殆盡。

直到西元一六一七年，此時已經十六歲的路易十三與黨羽合謀發動政變，從母親的手裡奪回了政權。然而，因為國王畢竟還很年輕，缺乏執政經驗，所用之人亦很平庸，政局並無太大的起色。直到七年之後（西元一六二四年），紅衣主教利希留（西元一五八五～一六四二年）受命擔任輔政大臣，法國才又再度走向正軌。

其實利希留原本是瑪莉・德・麥地奇的寵信，後來卻得到路易十三的全力支持而主政十八年。他的權力之大、能力之強都極為罕見，是法國歷史上偉大的政治家。由於他能夠處處以國家利益為前提，且堅信法國必須建立主權集中和繫於王朝的絕對王國，才能保持強大，因

瑪莉・德・麥地奇——是亨利四世的第二任妻子。凡是到過巴黎的人，幾乎一定都去過那條聞名全球、號稱最美的街道——「香榭麗舍」，這是瑪莉・德・麥地奇在她四十三歲那年（西元一六一六年），把羅浮宮郊外一處原始叢林拓建而成的一條林蔭大道，最初命名為「皇后林蔭大道」，意思是說這條大道將通往仙境。

香榭麗舍大道，由瑪莉・德・麥地奇修建。本圖為十九世紀的繪畫作品。

紅衣主教利希留，輔助法王路易十三，鞏固法國中央集權，為路易十四時代的興盛打下基礎。

此，他致力剷平一切有挑戰王權之嫌的威權。他的手段包括壓抑貴族、禁止私戰、摧毀那些君主不再使用的堡壘，甚至不准決鬥等等；整體來說，這些措施對於奠定法國君主專制政體有著極大的貢獻。

2 路易十四時代

路易十三在九歲即位，年紀已經夠小的了，但是他的兒子路易十四即位時的年齡更小，只有五歲。如果從即位這一年算起，享年七十七歲的路易十四，在位長達七十二年三個月又十八天，是歐洲歷史上在位最久的獨立主權的君主。

中國歷史上在位最久的皇帝是清朝的康熙皇帝（西元一六五四～一七二二年），在位六十一年。巧合的是，康熙和路易十四正好屬於同一時期，還有過一些接觸。路易十四曾經給康熙寫過一封私人信件，也曾向康熙派出使節，帶來了三十箱科學儀器，並派專人協助康熙就中俄東北邊界問題與俄國進行談判，參與繪製了中國有史以來第一份現代化的全國地圖《皇輿全覽圖》等等。

儘管路易十四在十三歲時已宣布成年，不過在他二十三歲之前，一直都是由母后臨朝，以及馬薩林（西元一六〇二～一六六一年）當政。馬薩林和利希留一樣，也是紅衣主教。馬薩林是義大利人，為人貪婪，據說在他當政的十幾年之間所積聚的財富，甚至超過了英國國王或西班牙國王。

不過，後世對馬薩林的評價並不算差，都說馬薩林還稱得上是一位能夠以法國利益為重的權臣。最典型的一個例子是，他很早就為路易十四安排了一樁政治聯姻，讓路易十四迎娶西班牙的公主，後來當他得知路易十四竟然愛上了自己的外甥女時，不管路易十四如何哀求，還是立刻就鐵著心把自己的外甥女給送走。

西元一六六一年，馬薩林病逝，死前密囑時年二十三歲的路易十四一定要親自掌權。馬薩林一死，路易十四果然立刻就將一位自認會是馬薩林接班人的大臣解職，宣布要親政。

親政之後，路易十四每天工作九個小時以上，幾乎是事必躬親、親力親為，以無比的熱情治理著國家。他以太陽為標徽，自稱「太陽王」，因為他相信自己是一切權與能之源，法國一定能從他身上得到光榮，就像

紅衣主教馬薩林，輔佐路易十四，並於任內處理諸多內亂，為路易十四的盛世打下基礎。

法西戰爭後，馬薩林（右後方紅衣者）為路易十四安排了與西班牙公主瑪麗 - 泰蕾莎的聯姻。

路易十四於五歲登基，由其母后安妮以及紅衣主教馬薩林輔政。

行星一定能從太陽得到光明一樣。

路易十四是一位名副其實的元首，創立了法國有史以來無與倫比的絕對君主制。做為一個中央集權的專制王國，王廷為一切權力的中心。在路易十四的祖父亨利四世的時代，是以位於塞納河附近的羅浮宮為王廷，可由於路易十四在童年時期曾經歷過巴黎的騷亂，對巴黎沒有什麼好感，遂在巴黎西南十五公里處的凡爾賽，另外建立一座新的皇宮。這項工程歷時逾二十年，完工之後，西元一六八二年，時年四十四歲的路易十四就把王廷與政府都搬到了凡爾賽宮。

凡爾賽宮至今仍為世界著名的建築。這座宮殿當時動員了一流的建築家和藝術家，有宮殿、花園和運河，美輪美奐，氣派壯觀，可以說是極盡奢華之能事，其中的「鏡廳」更是富麗堂皇。

路易十四自從搬到凡爾賽宮以後，所有的生活起居都有一套繁複的程序，而且都是由隨侍在側的大貴族們所服勞。路易十四用這樣的方式讓這些大貴族們成為宮廷的成員，讓他們幾乎從早到晚都待在宮殿裡，參加多到不可勝數的舞會和宴席。據說路易十四的記憶力非常驚人，只要一進大廳，眼神一掃，馬上就可以看出誰在誰不在，貴族們為了邀寵，更是幾乎寸步不離凡爾賽宮，久而久之，因為遠離封地，無暇去管理地方事務，漸漸也就失去了統治地方的權力。

路易十四興建凡爾賽宮，目的是要削弱貴族的勢力，確保王權集中。

路易十四之所以能夠建立君主專制的典範政府，除了法國自身的傳統以外，還得力於以下幾個因素。

●路易十四親政時是西元第十七世紀中葉，此時在歷經了內亂和宗教衝突以後，法國人民可說是望治心切，盼望能夠有一位強大的君主來對付那些囂張的貴族。這是時代提供給專制帝王的良機。

●路易十四親政時，「三十年戰爭」已結束十三年，此時哈布斯堡王朝因為在「三十年戰爭」中戰敗而衰弱不振，英國又苦於內戰，法國遂順理成章成為歐洲的仲裁者，而路易十四在這樣的時機成為法國的主宰，不啻是相得益彰，更加凸顯法國的重要。

●路易十四本身的人格力量，也是他能建立君主專制典範政府的重要原因。雖然**路易十四的個子**

凡爾賽宮內部的鏡廳。水晶吊燈、頂棚畫作以及各式裝飾顯示其富麗堂皇的一面。

路易十四非常重視自己的政治形象，因此，穿紅色高跟鞋，不只表現品味，也彰顯路易十四的國王身分。

路易十四未親政時，曾經歷法國內部動亂。事件平息後，他被描繪成為平定動亂的朱比特神。

不高，只有一百五十四公分，長相也很一般，但他總是保持著雍容和冷靜，又雄才大略，總是能以歐洲局勢的發展做為施政的重要依據，對自己的政策也很能維持一貫性，擁有一位理想專制君主該有的條件。

路易十四的政治建構是屬於高度專制，他所建立的這種絕對君主制一直持續至西元第十八世紀末法國大革命時期。路易十四經常親自主持中央政府的各種會議，指派大臣掌理各種政務。

在所有大臣當中，為政近二十年的柯爾貝（西元一六一九～一六八三年）對後世的影響最大。他從路易十四親政開始就是法國政壇的中心人物，在路易十四親政四年後擔任財相，過了四年，又兼海軍大臣。他對內改善交通，採取重商主義，對外實行保護關稅，保護境內工業，同時還發展殖民地和促進國際貿易，組織東印度公司和西印度公司等等，把法國的殖民勢力推進到加拿大、西印度群島等地。

柯爾貝的主要目的是在繁榮法國以及平衡預算，雖然這兩個目標在他過世的時候都仍未成功，可一直到西元第十八世紀中葉，

路易十四的個子不高——據說高跟鞋是路易十四的「發明」，這有兩種說法，其一，是因為路易十四自己個子不高，所以讓鞋匠把鞋跟墊高，類似今天我們俗稱的「矮子樂」，或是「恨天高」款式；其二，當時一些宮女經常在夜晚偷偷翻出宮牆去參加舞會，路易十四便要鞋匠設計一種讓宮女行動不便的鞋子，鞋匠於是想到將鞋跟墊高，如此一來，走起路就不太方便，還會發出聲響，引起人們的警覺。沒想到過了沒多久，宮女們不僅都適應了這種新款式的鞋子，還都發現穿這種鞋子似乎可以美化腿型，甚至也都學會了穿著這種高鞋跟的鞋子來跳舞。後來，高跟鞋開始在上流社會中流行，就連路易十四也開始穿起了高跟鞋，只是他的鞋底是象徵國王尊榮的紅色。

法國的工業生產和商業貿易都仍在歐洲居領先地位，大多都還是**柯爾貝的財政改革政策**所奠定的基礎。

路易十四是天主教徒，他認為專制王權不容任何力量挑戰，因此在宗教態度上，對於與自己信仰不同的教派不予寬容。就是在這樣的情況之下，路易十四取消了當年祖父亨利四世定下的「南特詔令」，造成多達二十萬至五十萬的胡格諾教徒出逃至英國、荷蘭、北美、南非等地，很多都是當時最富有企業精神和工商才能的人士，因而路易十四的宗教政策對法國的經濟發展來說，是一大打擊，影響深遠。

柯爾貝改革財政——

他建立預算和簿記制度，不過因為路易十四並不遵守預算，因此效果不大。財經問題一直是路易十四面臨的困難，至他過世的時候，政府已幾近破產。

在「三十年戰爭」之後，路易十四眼看聖神羅馬帝國趨於崩解以及西班牙的日益衰落，激發了向外發展的野心。不過，他這種企圖建立「一統王國」的擴張政策（他想要把法國邊界推展到庇里牛斯山、阿爾卑斯山和萊茵

柯爾貝，路易十四時期重要的財政大臣，他使得法國財政收支得以平衡，對於法國的政經發展貢獻良多。

河，同時還要阻止德意志的統一、以及奧國與西班牙的合一），嚴重威脅了歐洲的均勢，因而導致各國的合力對抗。

路易十四在位期間，因為他的擴張政策引起了一連串的對外戰爭，從西元一六六七年至一六八〇年左右的十三年之間，法國頗有斬獲，包括從屬於西班牙的尼德蘭邊境取得了一些土地等等，路易十四成為西歐的霸主，但是在西元一六八八年至一六九七年的「大同盟戰爭」（亦稱「奧古斯堡同盟戰」）中，法國對上了荷蘭、英國、奧國等國，雙方鏖戰九年（不過從西元一六九二年以後戰爭就呈僵持狀態），雙方參戰兵力超過一百萬，至西元一六九七年九月下旬簽訂「里斯維克合約」，戰爭終於結束，這是法國與「奧古斯堡同盟」（也就是「反法大同盟」）中的英國、荷蘭、西班牙、神聖羅馬帝國所締結的四

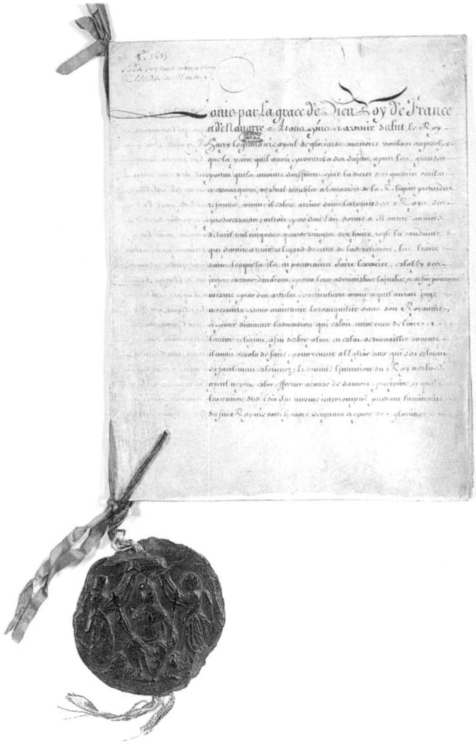

路易十四認為宗教自由與權力集中有所衝突，故頒布《楓丹白露敕令》，取消《南特詔令》所賦予的宗教自由，該敕令導致許多胡格諾教徒離開法國。

大同盟戰爭中的拉古什海戰，發生於西元 1693 年。圖為法國十九世紀海洋畫家西奧多· 古丹的作品。

項和約的總稱，奠定了今後國際關係的基礎，承認各國為自由獨立的主權國家。

從此，「均勢」原則也成為國際政治的圭臬，法國無法再維持過去的優勢，英國則是這個和約的最大得益國。

在「里斯維克合約」簽訂之後的十八年，路易十四與世長辭。他的死，成為一個時代結束的里程碑。

3 法國全盛時期的文化概況

原本，法國是「三十年戰爭」中獲益最大的國家，法王亨利四世以來的休養生息也厚植了法國的國力，到了路易十四親政的半個世紀（西元一六六一～一七一五年），法國在歐洲所擁有的優勢是不容置疑的。

在這個時期，法國的政府組織和行政制度都為各國所師法，包括法國的政策、外交甚至戰爭都成為當時的典範，法國的語言、思想、文學、建築、服飾、烹飪

大同盟戰爭景象。

等等也都風行全歐。簡單說，法國在文化上的繁榮，足可擔當得起一個「大國」的美名。

全盛時期的法國，在古典文化方面之所以會有突出的表現，可以說是在文藝復興時代種下的種子，而在路易十四的時代大為繁盛。後來這種源自法國的重視古典精神的「大手筆風格」，還陸續傳播到歐陸各地。

路易十四時代，政府對於藝術活動是採取中央指導和控制的方式，這是從亨利四世時代利希留就定下的政策。路易十三時代，利希留在西元一六三五年設立法蘭西學院，並使它成為監理藝術活動的指導機構。同時，在法蘭西學院的主持下，聘請語文學家編纂字典，使得法文逐漸取代了拉丁文，後來更成了外交語文。

到了路易十四時代，柯爾貝主持財經事務之後，也積極推動文化活動。而政府之所以資助和領導藝術活動，其目的很明確，就是要執行「國王必須到處被頌揚」的原則。

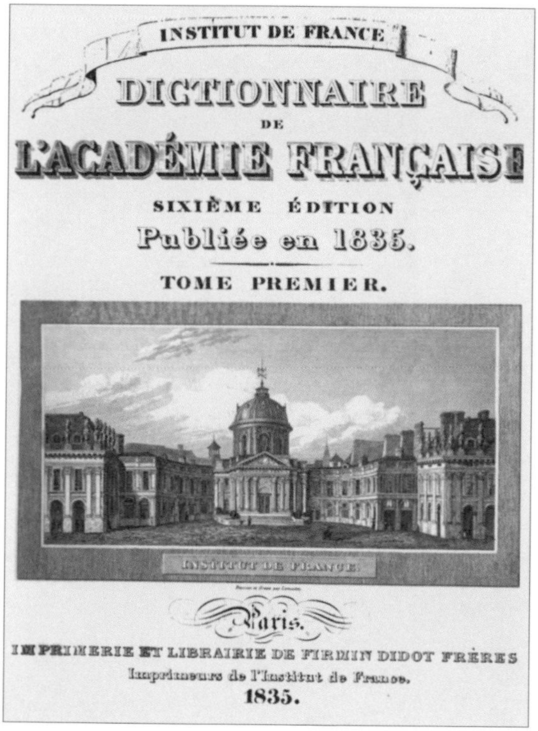

西元 1835 年第六版的法蘭西字典。

西元第十七世紀是法國戲劇相當輝煌的時代，最主要的大師有三位，分別是高乃依（西元一六〇六～一六八四年）、拉辛（西元一六三九～一六九九年）和莫里哀（西元一六二二～一六七三年），尤其是莫里哀更為重要（這是他的筆名，意思是「長春藤」）。

莫里哀出身於一個富有的裝潢商人之家，曾經受過完備的教育，還獲得了法律學位，可他一生從未從事過有關法律的事務。他擅長諷刺，譬如劇作《太太學堂》是諷刺中產階級人家的女孩所受的偏狹的教育；《達爾杜弗或者騙子》塑造出一個偽善者達爾杜弗，藉以諷刺宗教的虛偽；《厭世者》、《吝嗇鬼》、《暴發戶》等等則是諷刺人性的通病。莫里哀的劇作歷經三百多年至今仍然膾炙人口，經久不衰。他是法國十七世紀古典主義文學最重要的作家，也是古典主義喜劇以及法國芭蕾舞喜劇的創建者，在歐洲戲劇史上占有非常重要的地位。

至於法國在全盛時期哲學和科學方面的成就，我們留待第六章時再做介紹。

法國劇作家莫里哀，在喜劇的創作上成就斐然。這幅畫像描繪莫里哀曾在高乃依的劇作《龐培之死》出演凱撒的角色。

莫里哀以戲謔、諷刺喜劇聞名，其中《太太學堂》為重要的代表。本圖為原版的卷首插畫。

莫里哀的《偽善者》將喜劇與宗教批判連結在一起，是古典主義文學的代表作之一。圖為西元 1739 年英法語對照版《偽善者》劇本的卷頭插畫和書名頁。

第四章　衰落與興起

十七世紀中葉之後，中歐和東歐地區有三個古老的、多民族的政治組織沒落，
也有三個新興的政治力量代之而起。
其中一個關鍵影響是西元一六一八年的「三十年戰爭」，
如同啟蒙思想家伏爾泰所說，
三十年戰爭之後的神聖羅馬帝國「既不神聖，亦非羅馬，更非帝國」，
帝國的瓦解，使得地方諸侯，逐漸成為歐洲政壇的重要角色……

從西元第十七世紀中葉以後的一百年間，中歐與東歐發生了令人矚目的巨大轉變，主要是因為三個古老的、多民族的政治組織，也就是神聖羅馬帝國、波蘭和鄂圖曼帝國都趨於沒落，而三個新興的政治力量奧地利帝國、普魯士王國和俄羅斯帝國則代之而起。

在這一章中，我們就來介紹這些沒落帝國以及新興勢力的更替。不過，由於俄國的歷史發展不在歐洲主流之內，又因受到瑞典和波蘭的阻隔，未能參與歐洲事務，因而被視為東方國家，我們將在下一章再做講述。

1 神聖羅馬帝國、波蘭和土耳其的沒落

神聖羅馬帝國

關於神聖羅馬帝國，我們先來簡單回顧一些重要的信息。

雖然「神聖羅馬帝國」這一名稱是腓特烈一世在一一五七年時確認的，而一五一二年又改稱「德意志民族神聖羅馬帝國」，但一般都同意「神聖羅馬帝國」的歷史要從西元九六二年算起，一直到一八〇六年為止，這一年，在拿破崙（西

元一七六九～一八二一年）的打擊下，神聖羅馬帝國名存實亡。

從神聖羅馬帝國的國徽就很可以看出它的性質：頭頂皇冠的雙頭鷹圖案，是沿襲古羅馬帝國的圖騰，表示帝國是古羅馬的正統繼承者；中間的耶穌受難圖是表明帝國的神聖性，象徵著神聖羅馬帝國的皇帝是羅馬天主教會和整個西方基督教世界的保護者；而在雙頭鷹翅膀上繪著七大選帝侯國和德意志各大諸侯的旗幟，則是代表帝國的普世性和廣大的疆域。

神聖羅馬帝國的疆域確實很大，橫跨阿爾卑斯山南北，是中古世紀歐洲唯一擁有帝號的大國，版圖以德意志地區為核心，大致相當於今天的德國、奧地利、荷蘭、比利時、瑞士、盧森堡和**列支敦士登**全境，還有丹麥、捷克、斯洛伐克和匈牙利的大部，以及法國東部、波蘭西部和義大利北部。

在早期，神聖羅馬帝國是由擁有實權的皇帝來統治，至中古世紀時，演變成一個政治聯合體，而且聯合體內的組成分子相當複雜，包括很多承認神聖羅馬皇帝為最高權威的公國、侯國、宗教和貴族領地，以及帝國疆域之內的所有自由城市。神聖羅馬帝國的主要貢獻就

列支敦士登——位於歐洲中部，介於瑞士與奧地利之間，曾經是羅馬帝國瑞提亞行省的一部分，是世界上僅有的兩個「雙重內陸國」之一，另外一個是烏茲別克斯坦。所謂「雙重內陸國」，是指一種本身屬於內陸國，而周圍鄰國也是內陸國的國家。另，列支敦士登屬於袖珍型國家，國土面積僅僅一百六十．五平方公里，大約是台北市的五分之三。

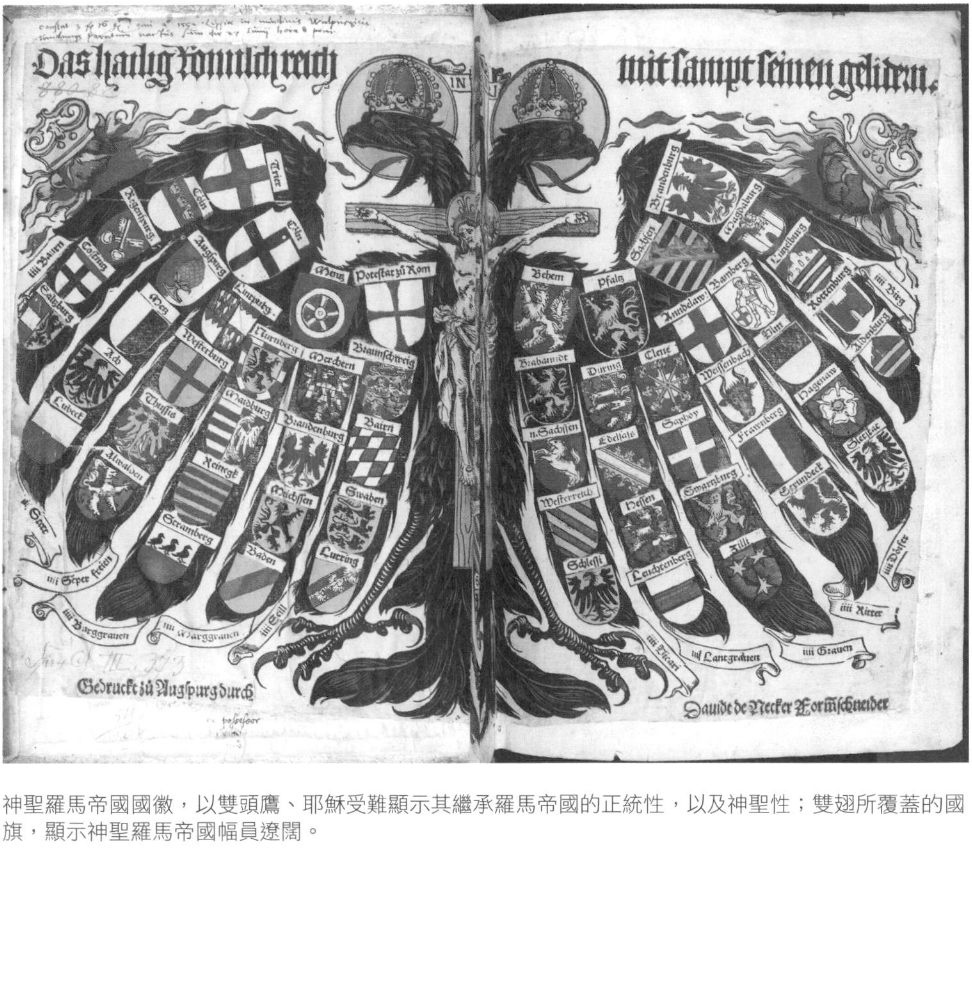

神聖羅馬帝國國徽，以雙頭鷹、耶穌受難顯示其繼承羅馬帝國的正統性，以及神聖性；雙翅所覆蓋的國旗，顯示神聖羅馬帝國幅員遼闊。

是把這些成員聯結在一起，類似一個小型的國際聯盟，而這些成員雖然不斷的向帝國爭取自由，對內卻幾乎都是厲行集權。

長久以來，神聖羅馬帝國因為選舉制度、政教之爭（特別是西元第十六世紀上半葉宗教改革之後所引起的諸多動亂）已經愈來愈欲振乏力。由於神聖羅馬帝國完全是採取中古世紀式的統治，皇帝沒有實權，實際權利是掌握在三百多個大大小小的領主手中，各地領主完全自治，擁有自己的軍隊、朝廷，還擁有收稅的權力，這樣的現象當然造成百姓很大的困擾，比方說，一個商人在兩百公里的行程中往往要繳交至少十幾次的稅！這麼一來，對於帝國境內的工商業發展自然就形成了阻礙。再加上帝國需要借助教會來宣揚自己的神聖性，對教會也就具有一定的義務，多多少少會受到教會的制約，歷來只有個別幾位皇帝能夠憑藉自身的能力與魅力讓教會就範，但那也只是表面和暫時的妥協而已。

在西元一六一八年「三十年戰爭」爆發的那時候，神聖羅馬帝國境內有近四百個領地（包括公國、侯國、教會領地、騎士領地、自由邦、自由城市等等），事實上，正是因為這麼多的領地都對哈布斯堡王朝想要在帝國境內重振皇權的諸多政策相當反感，以及在宗教改革之後，為數眾多的新教諸侯對於天主教皇帝大多心存敵視，最終才引發了「三十年戰爭」。

「三十年戰爭」使得日耳曼的經濟倒退了將近兩百年，有如忽然又回到了農奴制的封建時代，另一方面，在結束「三十年戰爭」所簽訂的「西發里亞和約」，又確保帝國境內的大小諸侯都可享有自主權，這就使得神聖羅馬帝國皇帝的皇權更加被削弱，從此帝國的各個成員就益發各自為政。

此外，在「三十年戰爭」過後，帝國境內共有三百一十四個邦國和一千四百七十五個騎士莊園領地。到了西元第十八世紀，在又經歷了多次爭戰之後，整個帝國形成三百多個獨立的大小邦國，此時神聖羅馬帝國的皇帝甚至連「德意志邦國的盟主」地位都稱不上了，徹底成了一個徒具虛名的傀儡，而當時人們對於「神聖羅馬帝國皇帝」的印象，往往也只是「哈布斯堡家族的族長與奧地利的統治者」，而不是「德意志的最高君主」。

法國著名的啟蒙思想家伏爾泰（西元一六九四～一七七八年）曾經評價「三十年戰爭」之後的神聖羅馬帝國，說「既不神聖，亦非羅馬，更非帝國」，這樣的說法雖然並不完全適用於西元第十七世紀，但也有一定的道理，一，這時帝國已經失去北義大利，這讓德意志國王不再是羅馬人的皇帝；二，北德意志不再被天主教徒所掌握，因此不再「神聖」（「神聖」一詞本來就是深具宗教色彩）；三，失去了一半以上的土地，自然也有失「帝國」的格局。

另一方面，漢諾瓦、薩克森、巴伐利亞等幾個世俗選侯國逐漸出頭，成為歐洲政壇上的重要角色，由布蘭登堡選侯國發展而來的普魯士王國更是躋身歐陸列強之列，與奧地利展開了持久的德意志爭霸戰。

波蘭

波蘭是由斯拉夫民族所建立的國家。關於「斯拉夫民族」，我們需要稍微解釋一下。

「斯拉夫人」最早的稱呼是「維內德」，「維內德」是羅馬人的叫法。早先當日耳曼人當中居住在東部的民族，與維內德人聯合展開大規模遷徙以後，他們便融合成為一個群體，然後就開始採用「斯拉夫人」這個說法。按照斯拉夫語，「斯拉夫人」這一詞有著榮譽和光榮的內涵。後來東歐地區很多原本不是斯拉夫人的民族也慢慢被斯拉夫化，斯拉夫民族遂成為歐洲最大的民族。

波蘭自西元第十世紀統一建國以來，漸漸成為東歐的重要國家。經過三百年的發展，從十四世紀起愈來愈強大、愈來愈繁榮，直到十六世紀中葉（西元一五六九年）與立陶宛公國正式合併，成為一個國家，波蘭邁入了鼎盛時期。

在十六世紀下半葉，波蘭已是一個幾乎從波羅的海延伸到黑海的強國，然而從這以後，由於多方面的因素，導致波蘭慢慢走向了衰落。

貴族的跋扈：從西元一五七二年以後，波蘭的政體成為「王家共和」，國王由貴族推選而成。而波蘭貴族（包括部分仕紳在內）大約占全部人口的百分之八。雖然他們的人數不多，卻嚴重影響了國家的運作，因為他們普遍只顧私利，不為國家著想，在每次要推選國王時總是滿腦子的生意經，待價而沽。而且由於無法齊心，自然就很容易受到外國的影響；一般來說，貴族分為親法派、親俄派和親瑞典派，這幾派總是暗地裡互相較勁。

從西元第十七世紀中葉，貴族在中央議會中享有「自由否決權」以後，情況就更糟了，因為所謂的「自由否決

波蘭知名畫家揚·馬特耶科作品《共和的巔峰》描繪 1573 年王家共和制下波蘭國王的選舉。

波蘭的政治運作以貴族為核心。這幅畫是西元 1637 年荷蘭黃金時代知名畫家林布蘭筆下的一名波蘭貴族。

權」，意思就是說任何一個議會成員對於任何一個事件都擁有否決權，到後來甚至任何一張反對票就可以使議會流會。到了西元第十八世紀上半葉，議會動輒流會、政府停擺，簡直成了家常便飯。以西元一七六四年為例，在一年當中議會有五十五次集會，可是流會的次數竟然高達四十八次。

有時，有些貴族還會以武力脅迫議會接受他們的主張，國事更為惡化。在這樣的情況之下，「政府」彷彿已成了笑話，國王沒有軍隊、沒有法庭、沒有行政官吏，收入也少得可憐，在西元第十八世紀中葉，波蘭國王的歲入僅僅只是法國國王的七十五分之一。而與之相反的是，貴族不僅不納稅，還紛紛擁兵自重，長此以往，對國家的發展自然非常不利。

商業不振：波蘭商業之所以走向式微，有兩個主要因素，一、在西元第十五世紀，歐洲在「地理大發現」之後，受到新航路開發的影響，波蘭原本在陸上的貿易地位被大幅削弱；二、當土耳其人的勢力進入**聶伯河**和**聶斯特河**兩河河口地區以後，又削奪了波蘭在黑海和地中海的出口。這兩個原因，再加上貴族的跋扈，強行規定利潤收益，使得中產階級深受其害。

黑死病肆虐：在西元第十七世紀中葉和十八世紀初，黑死病兩次肆虐波蘭（西元一六五二～一六五五年，以及西元一七〇八～一七一一年），造成人口銳減。

聶伯河——是歐洲第三大河，源出俄羅斯瓦爾代丘陵的南麓（瓦爾代丘陵是俄羅斯聖彼得堡與莫斯科之間的高地），然後向南流經白俄羅斯、烏克蘭，注入黑海。

聶斯特河——位於歐洲境內，發源於東喀爾巴阡山脈羅茲魯契山的山坡上，流向東南，流經烏克蘭和摩爾多瓦兩國，最後注入黑海的德聶斯特灣。

人口成分複雜：波蘭人口僅有一半是波蘭人，另外一半是俄羅斯人、立陶宛人、日耳曼人、猶太人等等，他們各自聚居在不同的地方，互動並不多。比方說，波蘭人主要聚居在**維斯杜拉河**谷地，白俄羅斯人和烏克蘭人分布在北、東和南，立陶宛人在北，日耳曼人在西（也就是王室采邑東普魯士一帶），只有猶太人是散居各地。這麼一來，自然就很難建立團結的社會，還經常遭受外國勢力的干擾。

地理條件的限制：波蘭整個國土是處於歐洲的低地區。所謂「低地區」，是指海拔僅六百呎。喀爾巴阡山脈雖然可屏障波蘭國土的西南，但面對東邊的俄國和西邊的普魯士，均無天險可以防守，也無軍備可以依賴。

宗教傾軋：波蘭以拉丁語為官方用語，以天主教為國教，但是境內俄羅斯人和部分烏克蘭人都信奉東正教，日耳曼人則是信奉路德教會。在宗教不統一，政府又沒有採取宗教寬容政策的情況下，就很難避免**宗教傾軋**的現象，久而久之自然就消耗了國力。

在以上這些因素交互影響之下，波蘭遂逐漸衰落，最後成為奧、俄、普瓜分的對象。

波蘭面臨著被鄰國瓜分的危機，這幅《波蘭死亡預言》，透過死亡預言的方式，表達出波蘭的政治危機。

維斯杜拉河——是波蘭最長的河流，全長一千零四十七公里，流域面積十九萬兩千平方公里，占波蘭國土面積的三分之二。

宗教傾軋——今天的波蘭仍然是宗教氣氛相當濃厚的國家，百分之九十五的人口都是信奉天主教，其中又有百分之七十五的教徒依然嚴格遵守天主教的傳統習俗。

土耳其帝國

在西元第十七世紀快要結束的時候，鄂圖曼帝國也開始走向衰落；西元一六九九年，土耳其結束了與西方諸國的戰爭，與西方諸國簽訂了「卡羅維茲條約」，意味著土耳其正式告別了過去的輝煌。

也不過在大約半個世紀以前，當蘇丹穆罕默德四世（西元一六四二～一六九三年）繼位時，當時鄂圖曼帝國雖然已難掩頹勢，但仍屬於擴張期，聲勢還是相當驚人，這可以從幾個方面來看，比方說，在歐洲鄂圖曼帝國的邊界離維也納不到一百三十公里（大約是三分之一的臺灣長）；在北非，除了摩洛哥之外，從埃及一直延伸到亞丁都為其所有；黑海和紅海幾乎成了帝國的內湖；在東邊，從裡海至波斯灣沿岸也全部都歸帝國所有……此外，帝國人口眾多，據保守估計至少也在兩千五百萬至三千萬之間。

穆罕默德四世是因為他的父親被廢黜才得以即位，他上臺時年僅六歲，而在接下來的八年當中，先後由祖母和母后主持朝政。在這個階段，朝廷貪污腐敗的

鄂圖曼帝國蘇丹穆罕默德四世，六歲時登基，曾向外征討，擴大鄂圖曼帝國的疆域。統治晚年，面臨到軍事失利，以及政治不穩定等危機。

現象頗為嚴重，各地不斷發生叛亂。直到西元一六五六年（穆罕默德四世時年十四歲），由祖籍阿爾巴尼亞的庫普汝魯家族的人出任首相以後，政局才有所改觀。

第一任首相庫普汝魯（西元一五七五～一六六一年）採取霹靂作風，在五年之內處決了大約三萬名罪犯，包括貪官污吏、不法軍人和叛亂分子等等，各方震動，國內秩序明顯得到恢復。同時，庫普汝魯還將宗教基金改撥世俗用途，這也有效緩解了財政危機。

經過一番大刀闊斧式的整頓之後，自西元一六六三年開始，時年二十一歲的穆罕默德四世以伊斯蘭教正統派領袖的身分，指揮對歐洲各基督教國家的征戰。戰爭結果，儘管土耳其一度取得了佳績，譬如西元一六六九年從威尼斯的手上奪得克里特島，西元一六七六年從波蘭奪得烏克蘭，

庫普汝魯，出自鄂圖曼帝國貴族家族。他於鄂圖曼帝國擔任首相，以嚴格施政、處決貪官汙吏的政治作風聞名。

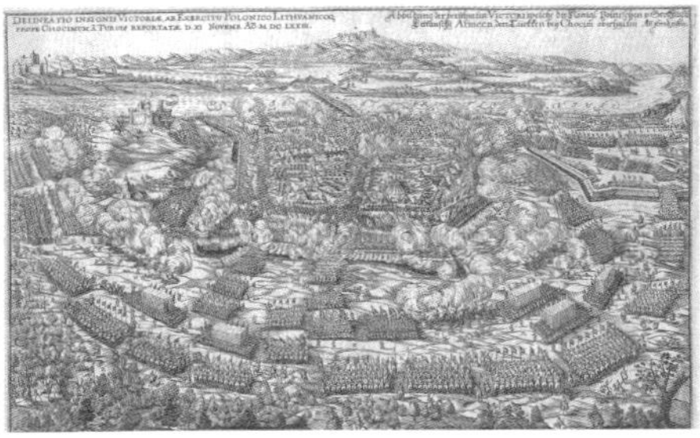

鄂圖曼帝國蘇丹穆罕默德四世對波蘭發起一連串的戰爭，並且取得對於烏克蘭的控制權。本圖為西元 1673 年的霍京戰役。

西元一六八三年包圍維也納長達兩個月等等。但是因為帝國之前的體質已出現嚴重問題，財力又相當匱乏，因此當無法攻下維也納之後，連帶就使穆罕默德四世的能力受到高度的質疑，終於在土耳其軍隊從維也納撤軍的四年後（西元一六八七年），穆罕默德四世以治國無能、不適任穆斯林君主之職等罪名，遭到和他父親一樣的命運，那就是也慘遭罷黜。

穆罕默德四世在政治和軍事上的失敗，標誌著鄂圖曼帝國進一步的衰落。

穆罕默德四世下臺十二年後（西元一六九九年），土耳其與西方的戰爭終告結束，簽訂了「卡羅維茲條約」，割讓了不少國土，從此土耳其便一蹶不振。

西元 1683 年，鄂圖曼帝國的軍隊包圍維也納，哈布斯堡王朝派遣軍隊對抗土耳其軍隊，爆發維也納戰爭。

其實，若與神聖羅馬帝國或是波蘭相比，鄂圖曼帝國的政府組織還是比較嚴密的，土耳其人也是回教民族中比較強悍的一個種族，而且他們的作風還頗像羅馬人，比方說，他們也長於軍事組織和征服，比歐洲各國更早發展出常備兵的制度，軍事裝備也很好，同時，土耳其人也能向其他文化較高的民族學習。還有一點很重要，就是他們對於所統治的各個民族的宗教信仰還頗能寬容。

但是，鄂圖曼帝國的制度畢竟還是有其缺點。譬如，他們是依照宗教而不是依照民族來治理被他們所征服的民族，因此無法同化和組織自己的征服成果，即使統治了歐洲，也始終是居於一種「外來的軍事征服者」的地位；一方面，他們向那些被自己征服的國家或民族豪取貢金和壯丁，但另一方面，有關地方行政和貿易，卻又放手讓當地民族來自理；他們沒有一套可以施行於各個民族的普遍法或自然法，所有的只是基於可蘭經的宗教法，這對於非回教徒來說顯然並不適用；而在經濟方面，經常處於既無力開源，又無法節流的困境……

政治組織當然也是一個很大的問題。鄂圖曼帝國所採取的是君主獨裁和專制的體制，君主的權力幾乎可以說是毫無限制，這樣的制度如果遇到一個大有為的君主還無妨，甚至還能建立一個高效能的政府，然而，如果遇到一個平庸的君主，情況就不妙了，偏偏長期以來平庸的蘇丹占了多數，再加上繼承制度的不健全（甚至可以說是殘酷，當一人繼位後，其他弟兄往往全部被殺）。在蘇丹中不乏屬於陰謀得位的例子，因此每一個統治者幾乎都無所不用其極的來腐化、軟化和消滅可能的挑戰者。

鄂圖曼帝國位處東西文明的交匯處，掌握東西文明的陸上交通線，長達六個世紀之久。在如此漫長的歲月中，伴隨著帝國的向外擴張，也促進了伊斯蘭教在世界的第三次大傳播。

在西元第十五至十九世紀時，鄂圖曼帝國是伊斯蘭世界的盟主，是唯一能夠挑戰歐洲國家的伊斯蘭勢力，但是從十七世紀中葉以後，帝國在武器和軍事行政方面已經落後於西方，等到十七世紀末「卡羅維茲條約」簽訂之後，帝國的擴張策略自然就處於停滯的狀態。然後又過了一百年左右，至十九世紀初，帝國窮途末路，最終在第一次世界大戰中敗於**協約國**之手，帝國因此分裂，直到西元一九二二年，在**凱末爾**（西元一八八一～一九三八年）的領導下，擊退了歐洲勢力，建立土耳其共和國，與此同時鄂圖曼帝國也正式宣告滅亡。

值得一提的是，在鄂圖曼帝國存在期間（西元一二九九～一九二二年），由

協約國——是第一次世界大戰中（西元一九一四年七月二十八日至一九一八年十一月十一日），以英國、法國、俄羅斯帝國為首的軍事同盟，他們與德意志帝國、奧匈帝國、鄂圖曼帝國、保加利亞等國聯盟的「同盟國」集團，形成了對立的雙方。

於不止一次實行伊斯蘭化與現代化的改革，東西文明的界限因此而日趨模糊。

2 奧地利帝國的發展

西元一六四八年當「三十年戰爭」結束以後，神聖羅馬帝國固然是走向了瓦解，但此時的奧地利卻仍然屬於一流強國，而且拜「三十年戰爭」之賜，有一些意外的收穫。

奧地利的哈布斯堡王朝原本就是歐洲最具傳統的王室，其地位主要是建立在兩大因素上，一，從西元一四三八年開始，「神聖羅馬帝國皇帝」這個頭銜一直就是哈布斯堡王朝的囊中物；二，哈布斯堡王朝與西班牙關係密切。雖然在「三十年戰爭」之後，帝國不振，西班牙也走向衰落，原本支撐哈布斯堡王朝地位的兩大支柱都告喪失，但哈布斯堡王朝也在戰爭中掃除了新教和封建勢力，因此與戰前相比，奧帝國反而更為堅強。

哈布斯堡家族紋章。

凱末爾——全名為穆斯塔法·凱末爾·阿塔土克，他是土耳其的革命家、改革家和作家，土耳其共和國的締造者，也是土耳其共和國第一任總統、總理以及國民議會議長。在他執政期間推行了一系列的改革，史稱「凱末爾改革」，使土耳其成為世俗國家，為土耳其的現代化奠定了良好的基礎。

奧帝國的統轄地有三大部分，分別是奧地利、波西米亞王國、匈牙利王國，以及這三大部分的鄰近地區。從西元第十七世紀以後，哈布斯堡王朝就逐漸加強對這些地區的控制，至於控制的方式，主要是採取世襲制以及重建公教（也就是天主教）信仰的政策。

世襲制比較容易理解，我們來看看如何重建公教。

基本上哈布斯堡王朝是採取流放、充公財產和說教訓練等方式，軟硬兼施的迫使新教徒再度回到公教的信仰。大體而言，在奧帝國的統轄地之內，重建公教運動在奧地利和波西米亞王國較具成效，到了西元第十七世紀中葉、也就是差不多在「三十年戰爭」剛剛結束的那時候，已經具有初步的成果，等到再過十餘年之後，可以說就相當成功。

可是重建公教運動在匈牙利王國，就不是那麼順利了。這其中當然是有諸多原因，比方說，新教在匈牙利王國的勢力本來就比在奧地利和波西米亞王國要來得大，而匈牙

匈牙利併入奧地利統治後，原本的匈牙利貴族不滿奧地利君主的統治，因此引發叛亂事件。本圖繪製於 1705 年，是擅長繪製軍事畫作的喬治· 菲利普· 魯根達斯的作品。

利王國的貴族又享有在自己境內的改革權，這種情況自然助長了政治上的分裂；匈牙利王國曾經被鄂圖曼帝國占領過，在被占領期間，土耳其當局知道當地民眾比較喜歡新教，便大力助長新教的勢力，從而達到打擊哈布斯堡王朝的目的。

甚至，即使從西元一六九九年、也就是在「三十年戰爭」結束的半個世紀以後，匈牙利王國開始全境都由哈布斯堡王朝來統治，可這樣才沒過幾年，叛亂事件就再次發生，直到進入西元第十八世紀、西元一七一一年才告平定。

不管如何，哈布斯堡王朝總算在「三十年戰爭」過後，暫時壓抑了奧帝國統轄地內的貴族，也建立了較為近代的行政組織：政策是由皇帝及樞密院來決定，中央行政機關則由宮廷錄事院來負責掌理奧帝國一般內政事務，特別是奧地利的內政，此外，中央財務交由宮廷主計處，負責分配預算和控制工業、商業、造幣等等，軍事方面則交由宮廷國防會議來負責。

到了西元第十八世紀中葉，奧帝國爆發了**王位繼承戰爭**，前後長達八年，從西元一七四〇年直到一七四八年。這場戰爭的主因，是由於奧地利

奧帝國的王位繼承戰爭——在查理六世死後，他的女兒瑪利亞·特蕾西亞繼承王位，可是法國、西班牙、普魯士、巴伐利亞、薩克森、薩丁王國、那不勒斯王國等等，都拒絕承認瑪利亞·特蕾西亞的繼承權，而奧地利、英國、俄羅斯帝國、波西米亞王國、匈牙利王國、荷蘭等等則從各自的既得利益出發，全力支持瑪利亞·特蕾西亞的繼承權，雙方陣營由此爆發了八年的戰爭。

緊接著，從西元一七二〇年至一七二三年之間，查理六世費了很大的力氣，取得帝國內部各議會和哈布斯堡家族各大公的同意，同意帝國領土不可分割、且必須由一特定世系相承的原則，這個原則後來也相繼獲得歐洲其他主要國家的接受，可以說查理六世很早就為繼承問題做好了準備，而且瑪利亞·特蕾西亞在即位當天就表示，雖然她是一個女子，卻有一顆王者的心，有信心在大臣們的協助之下保持奧帝國的完整。然而，戰爭還是爆發了。

事實上，當初在查理六世辛辛苦苦安排日後的繼位問題時，大臣尤金（或譯「歐根」，西元一六六三～一七三六年）就頗不以為然，認為與其付出一些讓步來爭取歐洲各國同意「國事詔書」，還不如整軍經武來保全奧帝國的統一，可惜這番呼籲沒有被查理六世所接受，後來尤金還比查理六世要早了四年離世。

在西元第十七世紀末，尤金是哈布斯堡王朝非常倚重的人物。他是義大利薩伏衣王朝的親王，更是馬薩林的外孫（馬薩林就是在法王路易十四親政之前那位主政的紅衣主教）。尤金出生在巴黎，無論從他所使用的語言以及他所受的教育來看，他都是一個十足的法國人，他本來是希望能在法國一展長才，卻得不到路易十四的重用，於是在忿忿不平之餘，便去投效奧帝國的利奧波一世。（當時的

尤金親王，18 世紀優秀的軍事將領，深受奧地利君主的重用，在奧地利擁有極高的聲望。圖為英國著名肖像畫家內勒繪於西元 1712 年。

歐洲貴族都具有國際性，尤金這麼做並沒有什麼好奇怪。）

尤金是一流的軍事行政家和指揮官，在三十四歲正值壯年的時候擔任奧帝國的軍統帥，三十九歲時擔任國防會議主席，可以說是一位出將入相的人才，對於革新奧軍的訓練、裝備和補給有著極大的貢獻。原本奧帝國曾經有過一段相當長的時期是陷於土耳其和法國兩面威脅之下，多虧了尤金才倖免於難。就在他擔任奧帝國軍統帥的那一年，由他指揮統領的奧軍大敗強悍的土軍，將土耳其從匈牙利逐出，後來在英國和荷蘭的調解之下，才有我們在上一章中提到過的「卡羅維茲條約」，迫使土耳其割讓了不少國土。土耳其元氣大傷，從此欲振乏力。

接下來，奧帝國也才能注意到已經被法國悄悄蠶食的西疆，因此才會有「奧古斯堡同盟戰」和「西班牙王位繼承戰」。這也是法王路易十四在位期間，由於擴張政策所引起的一連串對外戰爭中，相當重要的兩場戰爭。

西元一七一六年，尤金又打敗土耳其軍隊，取得貝爾格勒和瓦拉幾亞的部分領土。他原本的計畫是想要將奧帝國的勢力推進到黑海和愛琴地區，但礙於一些

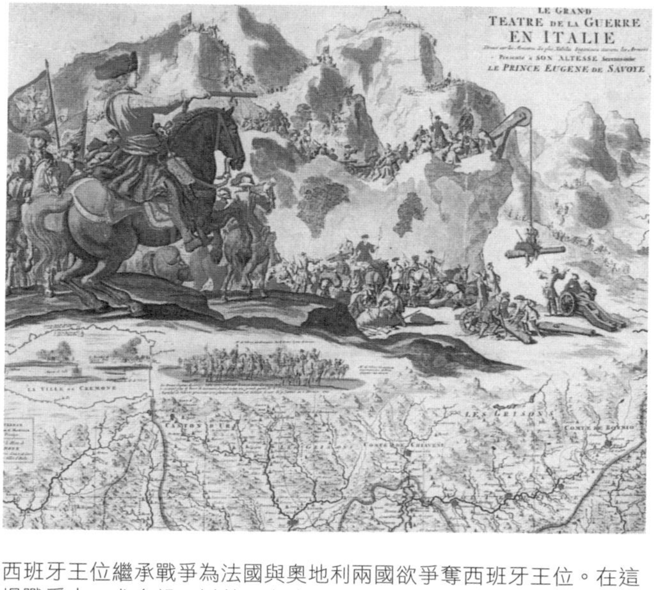

西班牙王位繼承戰爭為法國與奧地利兩國欲爭奪西班牙王位。在這場戰爭中，尤金親王以其巨大的戰功被視為奧地利的英雄。圖為描繪領軍穿越阿爾卑斯山的尤金親王。

客觀因素，包括奧軍當時在別的地方還有戰事，不能集中全力，以及土耳其畢竟還未完全衰落，只是不能再像過去那樣對奧帝國構成強大的威脅性而已，因此，尤金的計畫最終沒能實現。

西元一七三九年，「貝爾格勒條約」所劃定的分界線一直到西元第二十世紀末都沒有改變；按此條約，土耳其繼續保有羅馬尼亞和整個巴爾幹半島（克羅埃西亞除外），奧帝國的勢力則伸進了地中海區域。

不過，在「貝爾格勒條約」簽訂的三年以前，尤金就過世了，享年七十三歲。從利奧波一世、約瑟夫一世到查理六世，尤金一生服務了三位奧帝國的皇帝，對於奧帝國來說，著實是一位中流砥柱型的人物。

儘管奧帝國在西元第十七世紀中葉以後的百年之間逐漸興起，但是奧帝國有一個非常關鍵的弱點，那就是缺乏民族和文化上的統一性，或者可以這麼說，奧帝國的國際色彩要遠遠大於民族性。這個特點從很多方面都可以看得出來，譬如在哈布斯堡王廷、政府和軍隊中，各種捷克、匈牙利、義大利、克羅埃西亞的貴族姓氏屢見不鮮；又如奧帝國甚至沒有屬於整個帝國性的議會。這麼一個靠著大同理念把一些土地貴族結合在一起的帝國，下面控制著農民，於是農民有諸多問題不受重視似乎是很自然的，而這顯然就成了影響帝國發展的隱憂。

3 布蘭登堡－普魯士的興起

在這一節裡，我們首先要介紹一個重要的家族——霍亨佐倫家族。這個家族從西元第十世紀開始就在德意志境內居住，並且在德境南端的佐倫建立他們的家族堡壘。到了西元第十五世紀初葉、西元一四一五年，霍亨佐倫家族獲得神聖羅馬皇帝所授予的一塊封地，那就是布蘭登堡。

布蘭登堡位於德意志的東北，地處易北河之西和奧德河之東，原本是中世紀時期神聖羅馬帝國所建的「邊侯」之一，後來成為「選侯」。儘管這裡不是一塊理想的封地，土地貧瘠、資源缺乏，還因遠離重要的海路和貿易路線而商業不振，但霍亨佐倫家族還是用心打理，而且就像哈布斯堡家族一樣，不斷利用聯姻來慢慢擴張土地。

到了西元第十六世紀上半葉，在宗教改革以後，布蘭登堡雖然信仰新教（路德教會），可同時也採取了宗教寬容的政策，這對於他們後來的發展產生了很好的影響。

從布蘭登堡往東，便是波美拉尼亞和普魯士。綜觀布蘭登堡最大的發展，是在「三十年戰爭」爆發前夕取得了普魯士。

普魯士是指位於聶門河與威斯朱拉河之間、沿著波羅的海的地區（也就是後來的「東普魯士」）。最初居住在這塊地區的是斯拉夫人，他們與立陶宛人有著密切的關係，在西元第十三世紀時，這裡是屬於「條頓武士團」所有。還記得「條頓武士團」嗎？我們在卷五《中古史Ⅱ》中介紹過，西元第十二世紀末第三次十字軍東征時催生了「條頓武士團」，當時一些日耳曼騎士將船隻整修成醫院，用來照護十字軍的傷兵，後來這個組織遷回歐洲，成為日耳曼向東開拓的主力，逐漸征服了波羅的海北日耳曼地區。

西元第十六世紀上半葉、西元一五二五年，條頓武士團裡有一位出身霍亨佐倫家族的首領，他在改信新教以後，將普魯士建構為一個採世襲制的公國，並且臣服於波蘭。之後經過了一個世紀左右的經營，在西元第十七世紀上半葉、「三十年戰爭」爆發之前，封土已幾乎擴大了一倍，所以，雖然這時普魯士仍隸屬於波蘭王朝，但已開始稱為「布蘭登堡－普魯士」。

接下來，布蘭登堡－普魯士下一個目標，是想開始謀取鄰近的波美拉尼亞。

波美拉尼亞，指的是北歐中部從斯特拉松德延伸至威斯朱拉河的沿波羅的海地區。在西元第十世紀以前，這裡也是由斯拉夫部落所居住，在

霍亨佐倫家族出身的條頓騎士團團長阿爾布雷希特於西元1525年獲波蘭國王分封東普魯士作為領地，建立普魯士公國。

十一世紀建立為公國，並且基督教化。到了十二世紀末，波美拉尼亞分為東、西兩部分，西部仍稱波美拉尼亞，為一公國，東部則稱為波美瑞利亞，十三世紀末為波蘭所併，進入十四世紀時曾經歸還給「條頓武士團」，至十五世紀中葉又交回給波蘭，然後在十八世紀末為普魯士所得。

無論如何，在「三十年戰爭」過後，對於布蘭登堡－普魯士的發展來說，是一個重要的轉折點；如果戰後霍亨佐倫家族從「西發里亞和約」中只得到波美拉尼亞東部（波美瑞利亞）的話，布蘭登堡－普魯士極可能會發展成為東歐國家，但實際情況是，依照和約霍亨佐倫家族還同時得到了幾個重要的主教區，再加上從「三十年戰爭」時代開始，一直到戰後近二十年期間（也就是西元一六一四～一六六六年），霍亨佐倫家族又透過婚姻繼承的方式，取得萊茵地區諸如「馬克」等小邦，這些小邦與布蘭登堡之間雖然還有一些其他小邦的阻隔，卻提供了霍亨佐倫家族以後在萊茵地區發展的據點，以及霍亨佐倫家族與西歐接觸的機會。

不過，儘管此時布蘭登堡－普魯士已大有發展，可是所擁有的三塊土地並不相連，核心區域是布蘭登堡、波美瑞利亞和幾個易北河的主教區，其次就是普魯士公國和西邊鄰近萊茵河的地區，而布蘭登堡－普魯士中間與西邊的土地都在神聖羅馬帝國境內，東邊的普魯士則為波蘭的采邑（直到西元一六六〇年），因此，可想而知，如何將分散的領土連成一片，自然就是往後霍亨佐倫家族的重要目標，在很長一段時間裡甚至可以說是一項傳統政策。

奠定布蘭登堡－普魯士成為近代國家基礎的是腓特烈．威廉（西元一六二〇～一六八八年）。

他是霍亨佐倫家族的族長，布蘭登堡選帝侯兼普魯士公爵，即位之時才二十歲。他認為當務之急便是集權，於是很快便剝奪了在傳統上屬於各地方議會的財稅權，改由中央來控制。

另一方面，由於布蘭登堡的地理位置，使得這裡成為「三十年戰爭」中瑞典軍隊與奧地利軍隊的交戰之處，受到了戰火極大的破壞，人口也大幅減少。舉一個明顯的例子，在西元一六四〇年（「三十年戰爭」爆發之後二十二年），柏林人口從原先的一萬四千人降為六千人，法蘭克福人口則從原來的一萬兩千人降為兩千人。因此，為了防禦自己狹小但又開放的領土，也為了擴張的目的，腓特烈．威廉在「三十年戰爭」結束後，不僅不縮軍，反而還盡力擴充。與此同時，他也廢除了過去讓軍官視軍隊如私產的制度，大大加強了中央對於軍隊的控制權。

腓特烈．威廉也極力發展經濟建設，為了要增加人口、促進發展，他也召集流亡的人口。西元一六八五年，法王路易十四廢除了「南特詔令」，對於人民的信仰不再採取寬容政策時（參見上一章），造成許多胡格諾教徒的恐慌，紛紛出逃，腓特烈·威廉便趁機大開方便之門，結果大約有兩萬名法國人因為宗教信仰的原因來到布蘭登堡－普魯士，光是柏林的人口，當時法國人就占了六分之一。

腓特烈·威廉在位近半個世紀（西元一六四〇～一六八八年），主要努力的目標有兩個，分別是希望掙脫波蘭對於普魯士的主權，以及希望能夠把瑞典的勢力從波美拉尼亞西部給逐出去。為了達到這兩個目標，腓特烈·威廉參與了一些戰爭，還與波蘭忽敵忽友。到了他過世的時候，雖然布蘭登堡－普魯士仍屬於小國寡民，人口只有一百五十萬，不到法國人口的十二分之一，但至少在西元第十七世紀中葉、西元一六六〇年，正式取得了普魯士的主權。

關於布蘭登堡－普魯士的發展，還有一件重要的事，就是爭取王號。腓特烈·威廉的兒子（西元一六五七～一七一三年）從西元一七〇一年開始，便自稱普魯士國王，並改號為腓特烈一世，這個王號一直到他的兒子腓特烈·威廉一世（西元一六八八～一七四〇年）的時代，

普魯士國王腓特烈·威廉一世，於西元1701年即位，任內實施嚴格的軍國主義，奠定普魯士王國的軍事基礎。

終於獲得各國的承認。

第三代的這位腓特烈．威廉一世不僅使王號獲得了承認，而且後世只要一提到他，都不忘稱他為「普魯士軍國主義之父」。他節省其他開支，包括大幅刪減自己加冕活動的預算，然後用預算的七分之五來建軍。當他即位時，國家擁有四萬左右的軍隊，等到他過世的時候則已經有了八萬三千人。

同時，普魯士王朝這種重軍政策，也使得那些社會中堅的土地貴族樂於與軍隊結為一體，王室在有形無形之中無異是以軍隊來激發人民的愛國心和榮譽感。

此外，腓特烈．威廉一世也致力於革新政府組織，比方說，為了統一職權和便於控制，他在第十八世紀上半葉、西元一七二二年，裁併各中央機構，成立「財務、軍事和內政總監督處」，由這個「總監督處」的組成分子來分管財、軍、政事務。

腓特烈．威廉一世的兒子是腓特烈二世（西元一七一二～一七八六年），史稱「腓特烈大帝」。他在小時候是一個文藝兒童，愛好文學、音樂和哲學，尤其喜歡法國

腓特烈二世，以卓越的軍事能力、內政改革以及贊助藝文活動，將普魯士王國打造成為一流的強國，後世稱呼他為「腓特烈大帝」。圖為德國畫家威廉．康普豪森繪於 1870 年。

詩歌和笛子，對軍事沒有興趣，為此他的父親非常不滿。

為了讓兒子戒掉這些沒用的愛好，做父親的腓特烈．威廉一世經常非常粗暴的鞭打兒子，辱罵兒子是「一個柔弱頹廢的東西」，還動輒就把兒子給囚禁起來。腓特烈二世在痛苦之餘曾經企圖逃亡，但是沒有成功，反而還因此又被囚禁了一年，並且連累了那些幫助他逃亡的人，甚至還得眼睜睜的看著那些人被處死，這是父親強迫他看的。

就在這樣近乎殘酷的教育下，腓特烈二世長大以後，居然成為一流的將才和君主。西元一七四〇年，時年二十八歲的他繼位，當年正好爆發了奧帝國的王位繼承戰爭。儘管此時普魯士王國的人口僅居歐洲的第十二位，資源也相對較為缺乏，但腓特烈二世還是非常果斷的立即表明立場，加入戰局，並且還在接下來的一系列戰事中表現不俗。普魯士在此戰後頗有斬獲，奪得西里西亞，這對於普魯士日後的經濟開發和工業化程度都大有助益，普魯士也因此成為人口擴及六百萬以上、擁有二十萬軍隊的強權國家。

這位年輕有為的君主，就這樣充分運用父親腓特烈．威廉一世所留下的精軍，以及七百萬銀幣，開始逐步在歐洲大顯身手。

腓特烈二世喜愛藝文活動，在這件事情上與其父親腓特烈．威廉一世產生嚴重的對立。本圖是德國畫家阿道夫．馮．門采爾所繪，主要是描繪腓特烈二世在無憂宮以笛子進行演奏。

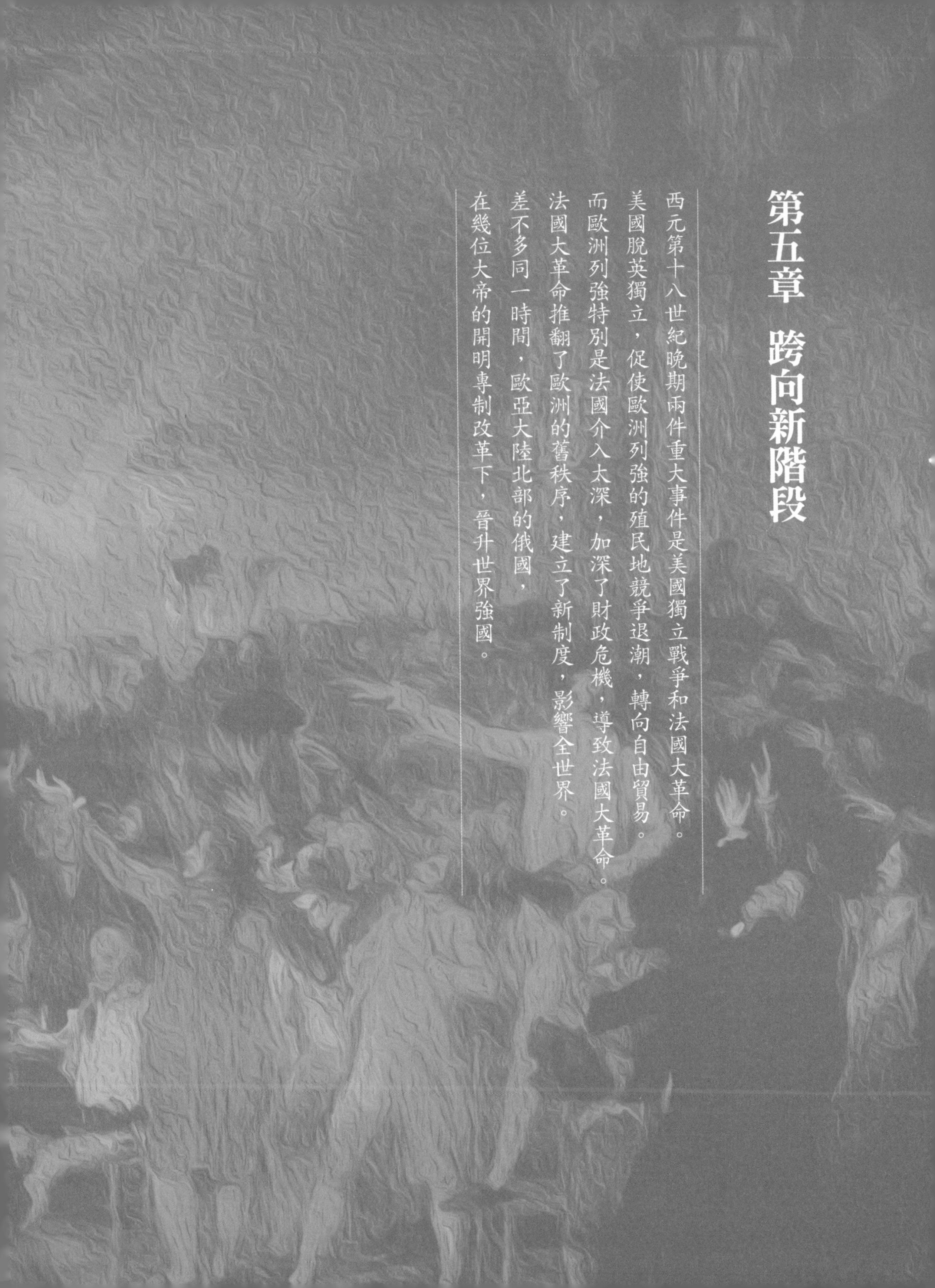

第五章　跨向新階段

西元第十八世紀晚期兩件重大事件是美國獨立戰爭和法國大革命。
美國脫英獨立，促使歐洲列強的殖民地競爭退潮，轉向自由貿易。
而歐洲列強特別是法國介入太深，加深了財政危機，導致法國大革命。
法國大革命推翻了歐洲的舊秩序，建立了新制度，影響全世界。
差不多同一時間，歐亞大陸北部的俄國，
在幾位大帝的開明專制改革下，晉升世界強國。

在這一章中，我們將認識俄國是如何興起，以及美國獨立戰爭、法國大革命的背景與經過。

1 俄國的興起

「俄國」全稱是「俄羅斯聯邦」，又稱「俄羅斯」，或「俄聯邦」。它是由二十二個自治共和國所組成的聯邦共和立憲制國家，國土面積逾一千七百萬平方公里，是世界上面積最大的國家，也是一個由一百九十四個民族所構成的統一多民族國家。它的主體民族為俄羅斯人，占全國總人口近八成。

講到俄國的興起，我們必須先了解地理環境對於俄國的影響。

俄國位於歐亞大陸的北部，地跨歐亞兩大洲。俄國的歷史是起源於東歐。東歐的地理環境和西歐截然不同。西歐的地形極具多樣性，英倫、義大利和伊比利半島又各成體系，這些天然的地理屏障形成了最佳保護，正好使各國得以安心發展，比較不受干擾；但是東歐的情況就不一樣了，從波羅的海一直到黑海及裏海、從喀爾巴阡山脈一直到烏拉山脈，是一個非常遼闊的平原，這個平原有多大呢？大到足以容得下英國、法國和西班牙，而從這個大平原南部的草原又可以一直延伸到黑海和裏海，進入亞洲的心臟，自古以來一直都是遊牧民族入侵的孔道。這種沒有自然疆界以及隨時都可能遭到外來侵擾的情況，就是俄人長期以來之所以會始終抱持向外擴張政策的地理因素。

俄國歷史的發展，明顯不同於歐洲其他國家。西元第九世紀，東斯拉夫人開始建國，其中以基輔最為主要；十三世紀時為蒙古人所摧毀，但與此同時一些新聚落又繼之而起，其中以莫斯科最為重要。西元第十五世紀末、西元一四八〇年以後，莫斯科大公伊凡三世（西元一四四〇～一五〇五年）起而抵抗蒙古人，奠定了近代俄國的基礎。

從文化上來看，東方正教在西元第九世紀時，自東羅馬帝國傳入俄境，俄國因此接受了正教信仰和拜占庭文化，於是，正統教會、君主專制和政教合一制，就成為俄國社會的特色。此外，由於受到蒙古習俗的影響，使得俄國富有濃厚的東方色彩，再加上俄國不僅歷史發展不在歐洲主流之內，又因受到瑞典和波蘭的阻隔，未能參與歐洲事務，因而一直被視為東方國家。

說起來，普魯士和俄羅斯的崛起，被不少學者形容為「是西元第十七和十八世紀歷史中最驚人的發展」，而且有意思的是，這兩國還有不少相似點，包括都是形成於歐洲東半部的大平原之中、都缺乏自然的疆界、都富有軍國色彩、都是

15世紀末伊凡三世的大公印章。

由逐漸擴張而成，都缺少強大的中產階級等等。只不過，普魯士的歷史背景和文化，仍偏向屬於西方的脈絡。

俄國的近代歷史始於西元第十五世紀末，若以君主來說，是始於伊凡三世。他在西元一四八〇年起而反抗蒙古人，以拜占庭傳統和東正教的保護者自居。在這之前，西元一四七二年時，他採用了東羅馬皇帝「專制者」的稱號，並以「皇帝」為號，使得莫斯科成了所謂的「第三羅馬」。這年伊凡三世三十二歲。

過了二十幾年，傳至伊凡三世的孫子伊凡四世（西元一五三〇～一五八四年）時，俄國開始與西方接觸，從第十六世紀上半葉、西元一五三三年，英國人打通了**白海**阿克吉爾港的航路以後，英國和荷蘭的商人就相繼而來。

伊凡三世，西元 1462 年即位為莫斯科大公，致力於統一俄羅斯，並且結束蒙古人對俄羅斯的統治。

白海——是北冰洋的邊緣海，緯度很高，氣候嚴寒，一年當中被雪白冰層所覆蓋的日子多達兩百多天。北極圈從白海穿過。白海深入俄羅斯西北部的內陸，幾乎全海域都被陸地給圍住。

伊凡四世於西元 1547 年加冕為「俄皇」。他於任內實施極權統治，鞏固俄羅斯的專制政權，改革軍事體制，強化俄國的軍事實力。

伊凡四世在三歲即位，由母親暫時攝政。當時很多大貴族為了爭權，競爭十分激烈，手段也相當極端。據說伊凡四世就是因為從小見多了這一類黑暗的政治鬥爭，才養成了冷酷多疑的性格，日後在打壓貴族、建立集權政治的態度上也十分強勢，因此得到一個「恐怖伊凡」這樣的外號。

第十六世紀中葉、西元一五四七年，時年十七歲的伊凡四世正式加冕為俄皇。他是第一個正式使用此一頭銜的俄國君主。

伊凡四世在下西洋棋時因中風而死。圖為俄羅斯插畫家伊萬· 比里賓於1935 年所繪。

伊凡四世在位五十一年，過世的時候已是西元第十六世紀末，在他死後，政局又趨不穩，一直到第十七世紀初、西元一六一三年，伊凡四世第一任王后的姪孫羅曼諾夫（西元一五九六～一六四五年）即位為俄皇，建立羅曼諾夫王朝以後，才恢復了法律和秩序。

羅曼諾夫王朝歷時三百零四年（西元一六一三～一九一七年），它是第二個、也是最後一個統治俄羅斯的王朝，這是俄羅斯歷史上最強盛的王朝。在此王朝時期，俄羅斯從東歐一個閉塞的小國，逐步擴展為歐洲乃至世界的強國之一。

在俄國歷史上，能稱得上「大帝」的只有兩位，我們現在就要特別來介紹這兩位了不起的君主，那就是彼得一世（西元一六七二～一七二五年）與凱薩琳二世（西元一七二九～一七九六年），兩人都是在位三十幾年，前者使俄國成為歐洲國家，後者使俄國成為世界級的強國。

西化和擴張，是彼得一世在統治俄國時期的兩大原則。

彼得一世在十歲即位，十七歲掌握實權。雖然他所接受的正式教育極為有限，但他為人聰敏，即位之後也頗認真學習，尤其是樂於學習技藝和軍事方面的知識。他早年對西方的認識是來自莫斯科。莫斯科有一個日耳曼區，那裡住著很多歐洲人，彼得一世小時候很喜歡去那裡，他也喜歡在阿克吉爾（這是當時俄國唯一的港口）與許多英、荷的水手交談。彼得一世深感俄國的落後，希望能夠改變俄國的體質，他認為「西化」是非常重要且必要的一步。

西元一六九七年，彼得一世派出一個龐大的使節團前往西歐，目的是在聯絡西歐各國，希望能夠組成一個打擊土耳其的同盟。為了想要深入的了解西方，時年二十五歲的彼得一世親自參加了這個使節團，以假名和假身分混在裡頭。此行雖然在主要目的上的成效不大，但彼得一世認真考察了荷蘭和英國的造船業、普魯士的軍火業等等，也結識了波蘭國王，對於俄國後來打擊瑞典大有助益。

西行回來以後，彼得一世更加堅定要採取西化政策，決心要變法圖強。他一方面延聘了一千名左右的專家來協助建設俄國，另一方面也多管齊下，公布了一系列的舉措。譬如，他深知教育的重要，因此在各省廣設學校；他簡化俄文字母、引進印刷術、改革曆法；在軍事方面，採取西式制度，讓軍人著制服並使用西式裝備；在社會習俗和生活方式方面，命令臣民不得再穿長袍，應採用西歐衣著，不准在地板上吐痰，講話必須直視對方，命婦女要參與社交活動，把舞會和吸菸介紹到俄國的社會。

彼得一世還命令俄國人一律要剃鬍鬚（教士和農民除外），這一點引起很大的反抗，因為東正教的教義認為留鬍鬚是「上帝的形象」，可是彼得一世非常堅持，他還曾親手執剪去剪掉一些守舊貴族的鬍鬚，最後那些仍然堅持要留鬍鬚的人，必須繳稅來取得執照。

彼得一世刪減俄文字母，確立了第一版的民用俄文印刷字體。

彼得一世於西元 1682 年即位為俄皇。他在任內致力於俄國的現代化改革，將俄國改造成為一個歐洲國家。因他一生對於俄國的貢獻顯著，後世稱他為「彼得大帝」。

說到繳稅，由於改革和擴張都需要龐大的經費，但因為此時俄國經濟仍然停留在輸出原料的階段，工業更是脆弱，於是彼得一世挖空心思來增加國家的財富。在積極扶助工業、獎勵出口之餘，也採取重稅政策。此舉當然會產生不太好的副作用，比方說，為了增加稅收，不得不禁止農民改業，並不時把土地及農奴分賜給官員，使得農奴制度在俄國更為廣泛而鞏固。

在行政制度上，彼得一世厲行集權，不過他頗能夠做到用人唯才，不問出身，譬如他的軍政大臣是廚師出身，財稅大臣曾經做過農奴等等，他也用了不少外國的客卿。

正因為彼得一世統治時期在政治、經濟、軍事、文化等各個領域都進行了西化改革，俄國終於成為歐洲大國之一。為了一新耳目，開展新氣象，彼得一世還在進入西元第十八世紀以後，從

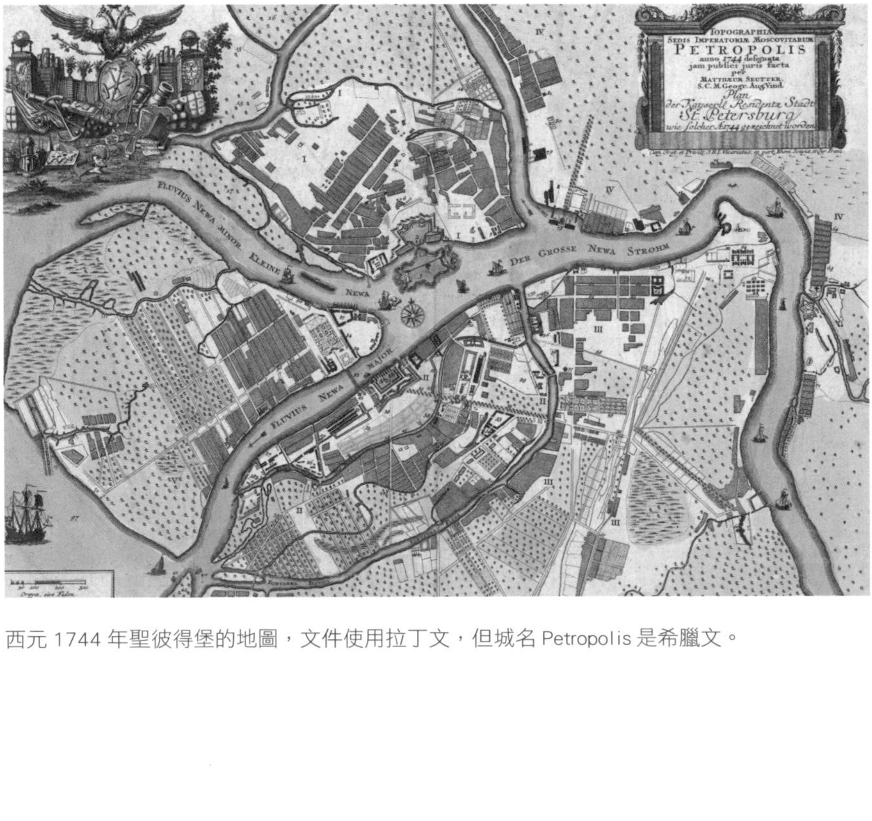

西元 1744 年聖彼得堡的地圖，文件使用拉丁文，但城名 Petropolis 是希臘文。

西元一七〇三年起在芬蘭灣頭和尼瓦河口興建一座新城，命名為聖彼得堡，被形容為是「一扇開向歐洲的窗口」，這就是今天的列寧格勒。

凱薩琳二世是典型的開明專制君主，她是俄國歷史上唯一一位被冠以「大帝」之名的女皇。

她原本是德國人，出身於普魯士一個沒落的貴族家庭，早年接受過法式教育，十六歲那年嫁到俄國皇室，丈夫是彼得一世的孫子。剛到俄國的時候，她頗受丈夫及俄國貴族的冷落，遂發憤苦讀，並勤習俄國語文，是一個既美艷又聰慧的女人。

西元一七六二年，在她三十三歲這年，眼看心智不佳、生活又放蕩的丈夫在繼位之後不得人心，便果斷地發動政變，把丈夫彼得三世（西元一七二八～一七六二年）這個皇帝給廢掉，然後自己做起了女皇。

後世對於凱薩琳二世的評價很高，都認為她是彼得一世政策的真正繼承者和

凱薩琳婚後，夫妻感情不睦。凱薩琳遂決定以讀書作為消遣。因此，她相當熟識啟蒙時期的知識和俄國文化。圖為年輕時的凱薩琳二世，繪於西元 1745 年婚禮前後。

執行者，她不僅在內政方面繼續革新，對外也持續擴張政策。由於西方的瑞典在彼得一世時代已經被打倒，凱薩琳二世的注意力乃轉向南邊的土耳其，和西邊的波蘭。在她統治期間，治國有方，功績顯赫。她透過一系列的征戰，把克里米亞、北高加索、白俄羅斯、立陶宛等大片領土都納入囊中，還參與俄普奧陣營三次瓜分波蘭等等，使得俄國的疆域達到鼎盛，俄國也成為當時名副其實的歐洲第一強國。

2 美國獨立建國

美利堅合眾國，簡稱美國，是由華盛頓哥倫比亞特區（簡稱「華府」）、五十個州和關島等眾多海外領土所組成的一個聯邦共和立憲制國家，主要位於北美洲中部。

分析美國獨立建國的背景，其中有著民族、政治、社會等多方面的因素。簡單來講，一方面這是一場發生在西元第十八世紀下半葉殖民地爭取獨立的運動，另一方面這也是當時殖民地內各個階層、各個社群要求權利重新調整的內在鬥爭，所牽扯到的文化傳統、思想脈絡、社會經濟等等，都遠比獨立戰爭本身的意義更

西元 1770 年俄土戰爭，為俄國擴張勢力的一部分。在戰爭過後，俄國取得黑海的軍事港口。圖為戰爭中被摧毀的土耳其艦隊。

為深長，影響重大，並不僅僅只是局限於當時所謂的新世界而已。

義大利著名航海家哥倫布（西元一四五二～一五〇六年），是第一個把歐洲與新世界連結在一起的人。在歐洲人到來之前，美洲（包括北美和中、南美）就已經有文明，當然也早就有人類居住。印第安人原來是美洲的主人，一般認為他們是從亞洲經過白令海峽從阿拉斯加分批移入美洲，把新石器文化帶入了美洲。（參見卷一第33頁的現代智人遷徙圖）。

當歐洲勢力入侵之後，西班牙和葡萄牙占有了之前其實已經發展出相當高度物質文化的中美洲和南美洲，這些地方也因此被稱為「拉丁美洲」；北美洲則由比較後起的殖民國家譬如荷蘭、英國和法國所角逐，經過一段時間的競爭後，英國獲勝。

今天，美國似乎是西半球的象徵，但其實那裡是當年最晚被歐洲人發現、殖民和組織的地區。英國是在西元第十七世紀末與十八世紀初，於今天的美國東部地區建立了十三個殖民地。

當年這些殖民新社會之所以形成，其中有一個重要因素，就是基於一種宗教信仰的理想主義。從英國來到這些殖民地的移民，大多都是屬於非國教徒，普遍都是為了追求信仰自由，並且試圖在新世界建立一個新的社會秩序。他們主要都屬於喀爾文獨立教派，他們相信地方自治，也建立了他們自己的清教徒國教，除此之外還有浸信會等等。由於這裡看起來跟英格蘭沿岸的感覺很像，當時他們就把這個新世界稱為「新英格蘭」（在西元第十七世紀中葉時，是指緬因、新罕布夏、佛蒙特、羅德島、康乃狄克和麻薩諸塞等地）。

此外也有非自願移入北美者，那就是黑人。在西元第十七世紀初、西元一六一九年，荷蘭的船隻首次把二十名黑人帶入維吉尼亞，此後黑人就愈來愈多，到了十八世紀中葉已超過三十萬人。這些黑人多半都是受僱於南邊各殖民地的種植業，少數待在北方的黑人，則幾乎都担任家僕和工匠。

北美從一開始建立殖民地以至後來宣布獨立的過程中，人民的生活方式雖然也不斷發生變遷，但基本上仍是屬於英國的生活方式，只不過隨著時間的推移，舊世界的制度與習俗自然而然漸漸的「亞美利加化」。這些移入者最初大多都是靠著土地與森林為生，他們帶來了歐洲的種籽、植物與家畜，又從印第安人那裡學習了如何種玉米、煙草、馬鈴薯等等。

後來他們開始慢慢發展商業、造船業和水運，東邊的波士頓、紐約、費城與南方的查理斯敦等地，都成為商業中心。到了西元第十八世紀，工業也逐漸興起。

至於那些從英國跑到新世界開創新生活的殖民者，儘管到了美洲以後仍然維持階級之別，但民主的種子亦悄悄萌芽。這有幾個重要因素，一，北美的殖民者大多為非國教徒，沒有傳統宗教上的束縛；二，在北美看不到那些有封號的世襲貴族，每一個農民都是獨立的地主而不是佃農；三，當時還是帆船時代，要跨越大西洋相當不容易，這麼一來，儘管英國將北美這十三個殖民地視為本國社會與政治的延伸，不過，為了便於管理，不得不准許各殖民地建立地方政府，每一個殖民地都有類似英國下議院的議會，還有一位代表王室的總督（羅德島與康乃狄克的總督是由人民選出），總督與議會之間的關係就類似於英王與國會。

更關鍵的是，這些殖民地政府從一開始就是一種人民可以參與的討論政治，而英國政府在西元第十七世紀因為本土發生了一些革命動亂，正好也無暇對殖民地建立專制的統治……種種這些因素，都是北美與當時法國、西班牙的殖民地非常不同之處。

後來，引爆美國革命的最主要原因是經濟問題。

首先，關於殖民地對於母國經濟上的意義，當時歐洲各國有一些普遍的共識，比方說，希望殖民地可以供應一些母國所不生產的貨物；認為殖民地與母國之間的經濟往來僅可以是貿易，殖民地既不可以發展出工業來與母國競爭，也不可以資助任何母國的商業競爭者；要求殖民地協助母國政府減輕經濟負擔；認為殖民地應該協助母國來達成「優惠的貿易平衡」，以貴重金屬來供應母國等等，更加關鍵就是母國的製造商享有殖民地貨物的專賣權，而殖民地貨物在母國銷售時也不會受到外來的競爭。如此一來，只要擁有了殖民地，母國在和平年代容易富有，在戰爭年代則容易提高戰力。

在這樣的觀念之下，英國在西元第十七世紀中葉屢屢頒布貿易與航海法，規定了包括英國與殖民地之間的貿易僅准許由英國籍的商船來負責載運貨物，而且糖、棉花、米、煙草、皮毛之類，不得輸往英屬港口以外的地區等等。這些規定雖然是違反了殖民地的利益，但因之前英國政府也並沒有非常嚴格的在執行，所以英國與北美殖民地之間還不致於產生太大的衝突。可是在「七年戰爭」結束以後，情況就不一樣了。

「七年戰爭」發生在第十八世紀中葉（西元一七五四～一七六三年），主要衝突集中在後面的七年。當時歐洲有好幾個強國都參與了這場戰爭，實際上也正因為歐洲列強之間的對抗才導致了這場戰爭。參戰方一邊是以英國、普魯士為首的陣營，另一邊則是以法國、奧地利和俄國為首，戰爭的影響面很廣，包含了歐洲、北美、中美洲、西非海岸還有印度和菲律賓群島。

戰爭結果，以英國、普魯士為首的陣營獲勝。戰後不久，英國政府就與北美這十三個殖民地發生了摩擦，因為英國政府認為，在戰爭期間這十三個殖民地都作戰不力，後來主要是靠著英國的軍事力量和財力才把法國人趕出北美，所以殖民地理當要負擔一半的戰爭費用，但是十三個殖民地都不願負擔。

於是，英國政府就打算加強對殖民地的控制，並迫使殖民地負擔部分軍費。在雙重動機之下，英國決定要加強貿易與航海法的執行，西元一七六四年頒布了「糖稅法」，想要以此來籌措五萬鎊。這個「糖稅法」實際上就是三十一年前曾經頒布過、但從未嚴格執行過的「糖蜜稅法」。英國政府這樣的做法，引起了殖民地人民的普遍不滿。

之後英國政府又陸續頒布一些法令，使得殖民地人民的不滿情緒繼續升高，直到翌年（西元一七六五

印花稅法的施行激起殖民地人民的不滿，因此，國會緊急廢除糖稅法與印花稅法。此圖為英國報紙上感嘆國會廢除印花稅法的內容。

年）三月，英國國會通過了「印花稅法」，規定以後凡是新聞用紙、法律文件、船上文件以及執照等等，都必須貼上印花，計畫要靠著這個法令在殖民地籌措大約六萬鎊稅收，這個時候殖民地老百姓的怒火終於達到頂點，因為這是英國政府首次向殖民地徵收直接稅，且影響遍及律師、地主、商人、印刷商、銀行家等等，因此各個階層都異口同聲強烈抗議，緊接著殖民地為了反擊，發生了抵制英貨、毆打侮辱印花稅務人員以及焚燒印花的事件。

英國與北美殖民地長久以來的兩大爭端（貿易與賦稅），至此算是徹底的白熱化了。

北美殖民地人民認為，既然他們並沒有代表出席英國國會，英國國會就無權通過什麼法規要在殖民地徵稅。這樣的主張，叫做「無代議士不納稅」。

同年十月，來自北美九個殖民地將近三十位代表在紐約集會，名為「印花稅法大會」，並於十月中通過一項聲明，指出印花稅法違反英國憲法賦予人民的基本權利。與此同時，紐約、費城、波士頓等地的商人也一致抵制英貨，使得英商蒙受巨大的損失。

英國國會迫於壓力，不得不採取應急措施，一方面在隔年（西元一七六六年）三月廢除「糖稅法」及「印花稅法」，但在廢除的同時又特別聲明這只是暫時性的權宜之計，並不是認同殖民地人民的主張，另一方面也迅速通過一個「公告法」，指出英國國會為所有英國人（不論是住在何地的英國人）之最高立法機構。這無疑是想要堵住「無代議士不納稅」的說法，希望讓殖民地的人不再有任何藉口不納稅。

又過了一年，英國政府計畫要對各殖民地進口的玻璃、鉛、油漆、紙及茶加稅，再將所得款項用於殖民地的行政開銷。儘管這回性質不同，但北美殖民地人民還是齊聲反對。在風波愈演愈烈的情況之下，英國政府只好一一將這些稅廢除。到了西元一七七〇年，英國政府幾乎已經盡廢各稅，只留下茶葉稅，藉此來表示母國終究是有向殖民地徵稅的權利。但北美殖民地人民還是不接受。

西元一七七三年十二月十六日寒夜，波士頓茶黨悄悄爬上停泊在波士頓港的英船，把三百多箱茶葉通通都抛到了海裡。此舉大大激怒了英國政府。發展到

英國國會迫於壓力而廢除印花稅法。此圖將印花稅法的廢除比擬為葬禮。當初推行印花稅法的喬治．格倫維爾（左四）捧著棺材，走在隊伍中間。

這個時候，北美殖民地與英國政府已經是一種水火不能相容的狀態。

美國獨立戰爭在西元一七七五年春天拉開序幕。

翌年（西元一七七六年）七月二日，在費城召開的第二屆大陸會議上，除了紐約代表棄權之外，其他十二個北美殖民地都一致贊成獨立。兩天後，由時年三十三歲的傑佛遜（西元一七四三～一八二六年）所負責起草的「獨立宣言」，為大會接納，從此七月四日就成了美國獨立紀念日，也就是國慶日。

「獨立宣言」是美國立國的重要文獻，極富啟蒙思想（關於啟蒙運動我們會在下一章中講述），宣言主旨在於堅信所有人皆生而平等，都具有一些不可讓渡的

波士頓茶黨假扮成印第安人將船上的茶葉倒入海中，以抗議英國政府對殖民地的政策。此圖繪製於西元 1846 年。

權利，譬如「生命、自由以及對幸福的追求」，政府的建立是為了確保人民這些權利，政府所擁有的權力則是來自於人民的同意，是人民所賦予的，一旦當政府（不論哪種型態的政府）不能維護人民的基本權利時，人民就有權來改變政府。

美國獨立戰爭一開始還只是屬於英國自己的內戰，但很快就又演變成一場國際戰，歐洲列強各自打著小算盤紛紛加入戰局。戰事進行了六年多，海戰陸戰都有，至西元一七八一年十月中旬，七千名英軍在約克城投降，至此戰爭已算結束。翌年三月，英國內閣倒臺，四月英、美展開和議。西元一七八三年，雙方簽訂「巴黎條約」，英國承認美國為一獨立的國家，領土範圍是北至加拿大，南至佛羅里達，西至密西西比河，東至大西洋，美國亦獲紐芬蘭沿岸的漁獲權。

美國正式獲得完全的獨立。

西元 1776 年 7 月 2 日，各州代表於費城召開會議，決議脫離英國的控制，主張獨立。本圖描繪富蘭克林（左起）、亞當斯、傑弗遜討論《獨立宣言》的景象。

四年後（西元一七八七年），各州代表五十五人在費城集會，制定了世界第一部成文憲法。這部聯邦憲法採取三權分立的原則。過了兩年，時年五十七歲的華盛頓（西元一七三二～一七九九年）便是依此憲法擔任美國第一任總統。

美國獨立革命具有多重且重大的歷史意義和影響，其中之一便是導致了殖民競爭的退潮。在西元第十八世紀末，無論是英、法、荷、西等國，都意識到想要長期保有海外殖民地非常的不易，代價也太大，而費盡力氣所建立的殖民地，到頭來不是落入別國之手，就是脫離母國獨立，與其如此，還不如致力發展自由貿易要來得實在。

此外，英國也記取了美國獨立戰爭的教訓，開始採取一種較新的殖民態度。而法國則因介入美國獨立戰爭太深，加重了政府的負擔，尤其是加深財政危機，導致了後來的法國大革命。

華盛頓於西元 1776 年 12 月領軍攻打英方僱傭兵。

3 法國大革命

就在華盛頓就任美國第一任總統的同一年（西元一七八九年），西歐爆發了法國大革命，一般史家都認為這是西元第十八世紀晚期最重大的歷史事件。

法國大革命推翻了歐洲的舊秩序而建立了新制度，在政治、社會和經濟各方面都有了創新的發展，後來所產生的影響更是遠超出法國乃至整個歐洲的範疇，最顯著的結果就是摧毀了封建特權和貴族階級的優越地位，中產階級從此得以扮演比較重要的角色，農民的生活狀況也大獲改善。

但是法國大革命也導致了長期的、同時也是世界性的革命，以及從西元第十八世紀末（西元一七九二年）所展開的「拿破崙戰爭」。關於「拿破崙戰爭」，我們會在下一卷中再做講述。

所謂的「舊秩序」，很多史家們認為包含了封建制度、階級意識、專制橫虐以及財富不均等特色，是泛指在法國大革命以前歐洲的政治、社會組織和制度，而且都是腐敗的、不合理的、與時代精神不符、需要被改革的。不過，這當然只是一種說法，並不是一個明確的歷史分期。如果以西元一七八九年來劃分歷史，顯然並不合適，因為法國大革命的精神在此之前其實早已有所顯現，而且，即便是革命本身，亦包含了一些過去的傳統。

我們先來看看關於法國大革命的大背景，也就是在革命之前處於舊秩序之下的歐洲。

由於時代的演進，不可諱言，歐洲社會在西元第十八世紀中葉已經呈現出諸多問題，急需改革，比方說，社會階級的劃分非常嚴密而且不公。按規定共有三個階級，屬於前兩個階級的教士、貴族是特權階級，只占歐洲人口的百分之一，卻在社會和經濟上享有特殊地位，反觀第三階級（一切不屬於前兩個階級的人，包括工商業者和農民，都屬於第三階級），人口數量最多，所受到的待遇最差，這自然令人心生不滿，尤其當中產階級崛起之後，他們更是難以容忍。

先說中產階級。在西元第十七和十八世紀，歐洲各國的工商業均大有發展，都市成長的速度亦相當驚人，放眼西歐，無論是在荷蘭、英國或是法國，中產階級都日益壯大，而在中歐和東歐，也出現了一種以政府文官為主所構成的中產階級。

中產階級的崛起，大大沖淡了歐洲社會長期以來貴族所享有的優勢，同時，由於他們的手中握有財富與知識，也不甘心長期受到忽視。但實際的情況卻是，除了英國中產階級還能擁有某種程度的參政機會之外，在其他各國可以說幾乎都是被排除在外。

至於處在社會最低階層的農民，普遍都會感到不滿，那就更容易理解了；他們不僅沒有參政權，還必須支付地主、君王和教會沉重的稅捐。在西元第十八世紀末，英國農民的境遇算是最好的。除了英國以外，在歐陸各國都仍有不同程度的農奴制度存在，尤其是在中歐和東歐，大多數的農民仍非自由之身，俄國、波蘭、匈牙利等農民的處境更是需要改善。

以上所說，大致就是在法國大革命之前歐洲的普遍情況，現在我們再來具體看一下法國在大革命之前的實際狀況。

在大革命之前，法國的階級制度非常嚴格，一共分為教士、貴族和第三階級，前兩個階級加起來不足全部人口的百分之三（當時法國人口大約兩千五百萬），第三階級則占百分之九十七。更進一步來說，第一階級的教士，全國總人數大約在十三萬人，不足總人口的百分之一，卻擁有全國百分之十左右的土地，而且不僅不必納稅，還有權向農民徵稅。在這些教士之中，雖然大部分的基層教士還是比較能夠苦民所苦，可是那些高級教士（在教士這個階層中占了十分之一）卻普遍生活奢靡，對一切教務都不太關心。

至於第二階層的貴族，在西元一七八九年的時候，包括婦孺在內大約有四十萬人，分為舊貴族和新貴族，前一類的名號往往可以追溯至中世紀的某一個貴族世家，新貴族則是靠著服務政府有優良表現之類得以封為貴族門第。貴族階級占了全國大約百分之二十的土地。

在路易十四的時代，頗能壓制貴族（這個我們在前面第三章中有介紹過），但是到了路易十五時代，貴族又慢慢坐大起來。

由於法國早已變成小農制的國家，在第三階級中，以農民最多，占了總人口大約百分之八十，其中大約有一半是「對分佃農」，也就是說收益的一半要歸地主，其他的普通佃農和沒有土地的農工大約各占四分之一，另外還有大約二十分之一為農奴。雖然大多數農民都是自由人，可是他們要承擔很重的稅捐，譬如土地稅、人頭稅、所得稅、鹽稅等等，另外還要對地主進行封建式的獻納，這些都讓農民的生活負擔非常沉重。何況農民還必須服勞役，每年總有好幾個星期必須為公共工程譬如修路來做工。

平心而論，當歐洲仍處於舊秩序時，法國的情況並不比其他國家糟糕，只不過由於法國是啟蒙運動的中心，又是開明專制實施最不成功的地方，再加上法國政府無法解決財政危機，終於導致了革命的爆發。

在政治方面，西元第十八世紀的法國最明顯的一個現象，就是君權神授政體的衰落。這種政體本來就是需要有一位大有為的君主，和一些賢能政治家型的大臣互相配合，才能發揮很好的效能，可是當路易十四過世以後，法國就不再具備這些條件了。

在路易十四死後，他年僅五歲的曾孫繼位，那就是路易十五（西元一七一〇～一七七四年）。不久，貴族和巴黎高院的勢力就均告恢復，絕對王權受到了挑戰。當年路易十四在臨終之前曾經告誡過路易十五不要像自己一樣沉迷於戰爭，可後來路易十五沒聽勸，他在位五十九年，法國對外參加了很多不必要又代價高昂的戰爭，譬如「奧帝國王位繼承戰爭」、「七年戰爭」等等，他個人生活又相當糜爛，怠忽政事，直到在位最後四年，路易十五忽然力圖振作，不但任用賢能為首相，並加強王權、解散巴黎和其他省區的高院，還壓抑貴族、改革司法，一時之間使得法國有了一番新氣象，只可惜已經時不我予。路易十五在西元一七七四年死於天花，享年六十四歲。這時已是西元第十八世紀下半葉了。

接著，時年二十的路易十六（西元一七五四～一七九三年）繼位，他是路易十五的孫子。路易十六的私德很好，被形容為是「一個誠懇善良又熱愛家庭的

西元 1715 年路易十五即位。此圖為年少時期的路易十五，繪製於西元 1723 年。

人」，如果是在治世，他應該會是一位相當不錯的君主，但顯然應付不了那個時候的法國。路易十六雖然有心改革，但是意志薄弱，很容易受到別人的影響，繼位以後，對於祖父晚年所進行的諸多舉措都不能貫徹，一些能幹的大臣也都紛紛去職，巴黎高院和其他高院也很快就恢復了舊有的勢力。貴族也重新把持了許多軍政要職，甚至連路易十四時代多由平民擔任的各地監理官，也一下子忽然都改由貴族接手。老百姓心中的不滿真是可想而知。

財政困難是法國爆發大革命的直接原因。不過此時的法國其實是西歐最繁榮的國家之一，並不是一個窮國，而且從西元第十八世紀中葉以來，法國的商業和工業更是處於高度成長的時期。因此，法國之所以會財政困難有很多原因，主要就是因為參加了十八世紀一連串的戰爭，路易十六又介入了美國獨立戰爭，使得法國耗費

路易十六繼承王位後，面臨統治危機。此圖為 1781 年的法國王室，圖中央坐著路易十六、瑪麗．安東尼王后及王太子。

了為數大約二十億利維（金法郎）的巨款。在路易十五過世時，政府財政赤字是三千七百萬利維，十五年後、也就是大革命爆發那一年，赤字則高達一億一千兩百萬。在大革命的前一年，政府公債已經累積到四十億利維，每年要付的公債本息就占了歲入的一半。再加上自西元一七八三年以來，短短五年之內天災頻仍、農產歉收，連帶也影響到工業生產，使得財政問題益發嚴重，老百姓都被壓得喘不過氣。

更關鍵的是，法國在財政方面最大的問題是出在賦稅制度的不合理。比方說，教士和貴族這兩個階級是享受免稅待遇，擔任公職者和資產人士也可以藉各種名目來免稅，這麼一來，稅捐就幾乎全部由農民和一般普通人來負擔。

當然，財政困難、賦稅制度的不合理，都只是舊秩序之下諸多不合理的部分現象而已，在要求財政改革的呼聲日益高漲之餘，財政改革實在已不可能和政治、社會等其他改革區分開來了。

不少史家把發生在西元一七八九年的法國大革命分為四個階段，貴族革命、中產階級革命、平民革命和農民革命。

眼看政府瀕臨破產，如何解決財政問題當然成了當務之急。路易十六陸續任用了好幾位財相，但礙於政府高層很難通力合作，一個個都有志難伸，稍後不是被免職就是自己主動去職。西元一七八九年五月五日，在貴族堅持、而國王及大臣也無力拒絕的情況之下，「三級會議」在巴黎凡爾賽宮召開。這是貴族的一大勝利，因為「三級會議」已經一個半世紀都未曾召開了！

貴族在以壓力迫使國王召開「三級會議」之後（這被後世認定是法國大革命的開始），除了反對專制王權，還進一步想要控制政權，因此計畫將「三級會議」建制為最高權力機構，主張應該按照傳統的辦法，以階級做為表決單位。這麼一來，代表全民百分之九十七左右的第三階級代表，勢必就會受到前兩個階級代表的壓制。第三階級代表對此計畫自然是強烈反對，力主應該個別表決。以人數來說，此次集會，第一和第二階級代表各三百人，第三階級代表六百人。第三階級代表認為，唯有他們才能真正的代表人民。

就這樣，第三階級原來是支持貴族、反對國王專制的，結果因為表決問題又與貴族分裂，乾脆另組一個「國民會議」，並邀其他階級代表參加。六月二十七日，路易十六承認了「國

西元 1789 年，因應財政危機而召開的三級會議，被視為是法國大革命的開端。

民會議」，於是，中產階級獲勝，法國首次有了一個包括一千兩百名成員的單一國會。

演變至此，路易十六已經無法控制局勢，稍後他又漸漸受到其他守舊貴族的影響，準備動用武力來對付「國民會議」，而第三階級也不滿國王又與貴族聯合，同時，他們在看到軍隊調集以後，恐慌情緒立刻升高，局勢遂愈來愈緊張。

此外，由於前一年歉收和經濟蕭條，造成極為嚴重的通貨膨脹，老百姓焦躁不安的情緒迅速蔓延和擴大，終於在七月十四日這天，近一千名暴動的群眾攻陷了巴士底監獄。

「巴士底」在法文中是「城堡」的意思。巴士底監獄始建於西元第十四世紀，是一座非常堅固的要塞，就建在巴黎城門之前，當初建築的目的是為了防禦「英法百年戰爭」中英國的進攻，後來才改為王朝監獄，專門關押一些政治犯，長久以來在人民的心中，這裡就是法國專制王朝的象徵。

在攻陷巴士底監獄之後，群眾也很快就組成「人民委員會」或「公社」來接管巴黎市政，並組成民軍，以巴黎城旗的紅藍兩色再配上波旁王朝的白旗，而成了三色旗。三色旗從此就成了法國大革命的象徵，三個顏色分別代表著自由、平等和博愛。至西元一八三〇年，三色旗正式定為法蘭西共和國的國旗。

現今的法國國旗。雖顏色略有調整，但仍為藍白紅三色旗。

法國大革命前的巴士底監獄。

法國大革命期間，巴黎民眾攻陷巴士底監獄，此象徵國王專制地位的陷落。

西元一七八九年十月初，「國民會議」為了恢復秩序就通過若干法律，希望能夠盡快把近半年以來的騷亂畫上句點。他們首要目標便是要讓現況合法化，也就是要承認既成事實。

他們所通過的法律，包括廢除封建特權和封建階級；制定「人權宣言」，規定人人「生而自由，權利平等」，自由、財產和安全，以及思想、出版自由、宗教寬容，都是每一個人的「自然權利」；揭示「主權在民」的原則，「法律為普遍意志的表現，由全體公民或其代表來制定」；制定教士法，並將教會財產國有化等等。

經過近兩年的努力，「國民會議」在西元一七九一年制定了憲法，從此法國成為有限王權的君主立憲政體，採取三權分立的原則，行政權由國王負責，他是「奉天恩承民意的法蘭西人之王」，而不再是「法蘭西之王」，他的詔令必須有適當的部會首長來副署。

「國民會議」的成員以中產階級人士占多數。在摧毀了封建制度和縮減王權之後，中產階級的優勢非常顯著，這已成了不爭的事實。可以說「國民會議」的諸多成就，就是宣布了舊秩序的死亡以及新社會的誕生。

第六章　思想革命及學術成就

許多近代人共有的思想和觀念，都是在西元第十七、十八世紀開始萌芽和茁壯的。人們於對理性的依賴、對自然律的信念以及對進步的渴望，構成了一種獨特的社會氛圍和嶄新的世界觀，也就是所謂的「啟蒙時代」。

西元第十七世紀（其實應該說是自十六世紀下半葉以後）和十八世紀，是西方歷史上一段極為重要的思想革命的時期。

首先，自然科學在十七世紀奠定了基礎，使人們改變了對於自然的態度，建立起科學的世界觀，然後在十八世紀以後，由於科學方法、科學知識的發展和傳播，激發了人們的理性精神，十八世紀遂成為「啟蒙時代」，人們對理性的依賴、對自然律的信念以及對進步的渴望，構成了一種獨特的社會氛圍，這正是在法國大革命爆發之前西方社會普遍共有的氛圍。

一種嶄新的、與過去截然不同的世界觀就此確立。此後雖然免不了多多少少還是會有些調整或修正，卻無可爭議成為了西方思想的主流。很多近代人共有的思想和觀念，都是在西元第十七、十八世紀這個時期開始萌芽和茁壯。

1 自然科學的發展

文藝復興以來，形成了一種可以自由探討和研究的社會，自然科學乃得以發展。到了西元第十七世紀中葉，「科學革命」的成果漸趨顯著，「科學」或「自然哲學」成為人類知識活動的重要領域。

西元第十七世紀是自然科學的發軔期，近代科學的基礎幾乎都是在這個世紀所奠定，科學不但是近代西方社會和西方文明的特徵，更成為人們探求自然與人生奧秘，以及解決各種問題的手段。

這個世紀也被稱為「天才的世紀」，因為在此世紀中自然科學領域可說是大師輩出，這些大師們都非常注重**理論與實踐的結合**，能夠以實驗的方法來證實新學說，又能用數學語言來表現定律，還能互相切磋交換心得，在他們的努力之下，科學日益昌明。

在西元第十七世紀有兩位方法論的大師，被譽為是這個科學時代的先知，一位是英國人培根（西元一五六一～一六二六年），另一位是法國人笛卡兒（西元一五九六～一六五〇年）。

培根提出一種新的治學方法，叫做「歸納法」，特點在於從一些特例中推演出通則，這與希臘哲學家亞里斯多德（西元前三八四～前三二二）所推行的「演繹法」正好相反（「演繹法」是由大前提、小前提推演出結論的一種三段論法）。培根主張理論與實踐應該合而為一，要用實驗觀察和歸納的方法來研究問題。後來，英國著名物理學家牛頓（西元一六四三～一七二七年）所提出的「萬有引力」，便是根據這樣的研究方法所得出來的。

理論與實踐的結合——在西元第十六世紀之初，達文西（西元一四五二～一五一九年）就曾經說過：「科學為隊長，實踐為士兵」，強調了兩者結合的重要。

培根非常重視科學知識的功用，他的徒眾更是大力提倡「知識即力量」的論點。但是，培根的缺點在於比較忽視數學的重要性。

笛卡兒則是一位傑出的數學家和哲學家，他綜合了代數與幾何而開創出解析幾何，主張有系統的懷疑，鼓勵大家試圖懷疑一切可疑的事物，以除舊布新。

笛卡兒的哲學命題，也是採用所謂「懷疑的方法」，來求證知識的來源是否可靠。他有一句名言：「我思故我在。」他的意思是說，我沒有辦法否認自己的存在，因為當我否認、懷疑時，「我」就已經存在著；或者也可以這麼說，我們可以懷疑身邊的一切，但只有一件事是我們無法懷疑的，就是那個正在懷疑著的「我」的存在，也就是「思考是唯一確定的存在」。

在數學方面，西元第十七世紀有不少重大的進展，譬如從西元一六一六年開始有了小數點，使小數演算節省

培根在《新工具論》一書中提出「歸納法」，從觀察出發，並透過歸納來研究問題。圖為培根出版的自然史著作《林木集》。

了不少時間；西元一六一四年有了「對數」，為數學和天文學的演算方面節省了不少勞力；西元一六三七年，笛卡兒指出幾何和代數可以互相換算；西元一六八〇年以後，牛頓和德國數學家萊布尼茲（西元一六四六～一七一六年）分別獨立發展出微積分。

天文學方面的發展，更能表現出科學演進的歷程。在第十六世紀中葉、西元一五四三年，波蘭天文學家哥白尼（西元一四七三～一五四三年）的《天體運行論》出版，駁斥了過去的「地球中心說（簡稱『地心說』）」。其實古希臘的亞里斯塔古（西元前三一〇～前二三〇年）就已提出「太陽中心說」這樣的假設，又簡稱「日心說」，而哥白尼的貢獻，是在於他能夠以數學運算將這個假設給展示出來。不過，儘管哥白尼在年輕的時候就很相信「日心說」，但是因為有感

哥白尼是波蘭數學家與天文學家，臨死前出版《天體運行論》，於書中提出著名的日心說。此圖為揚· 馬泰伊科於西元 1872 年繪製的畫作《哥白尼與上帝的對話》。

於涉及到敏感的基督教義，所以直到臨死前才將《天體運行論》付印。到了十六世紀下半葉，「日心說」的理論漸漸為一些天文學者所接受，並據此有了更多的成就；比方說，日耳曼人克卜勒（西元一五七一～一六三〇年）是哥白尼的學生，向來服膺哥白尼的學說，也相信宇宙現象可以用數學來解釋，後來有了諸多發現（包括原來行星的軌道都是以太陽為中心）。

托勒密的宇宙體系（地心說），被教會視為正統理論。他主張日月星辰沿著圓形軌道繞著地球運轉。此圖繪製於西元 1660 年。

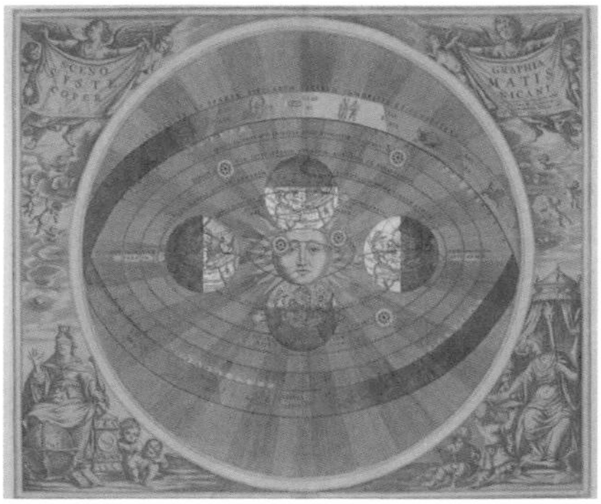

日心說的太陽系圖。圖繪製於西元 1660 年，為荷蘭地圖學家安德烈亞斯· 塞拉里烏斯的作品。

克卜勒是科學革命的重要人物。他歸納出三大行星運動定律，啟發牛頓對萬有引力的研究。此圖為東德發行的克卜勒紀念郵票。

此外，義大利物理學家伽利略（西元一五六四～一六四二年），在西元一六〇九年製成放大三倍的望遠鏡，不久又製成放大三十倍的望遠鏡，使天象觀測不再依靠肉眼。靠著這樣的望遠鏡，伽利略有了很多重大發現，譬如，他發現「銀河」原來是星群，以及土星有環、木星有衛星、月球和金星有相似的盈虧等等，他還在西元一六一一年發現了太陽黑子。

進入西元第十七世紀以後，還有其他很多科學上的重大成就，譬如：

●在十七世紀初，英國人吉爾伯特（西元一五四四～一六〇三年），發現了天然磁石的特性，指出地球為一巨大的磁場。他的發現，大大推進了磁力學的研究。同時，吉爾伯特還將「電」（electricity）這個字變成

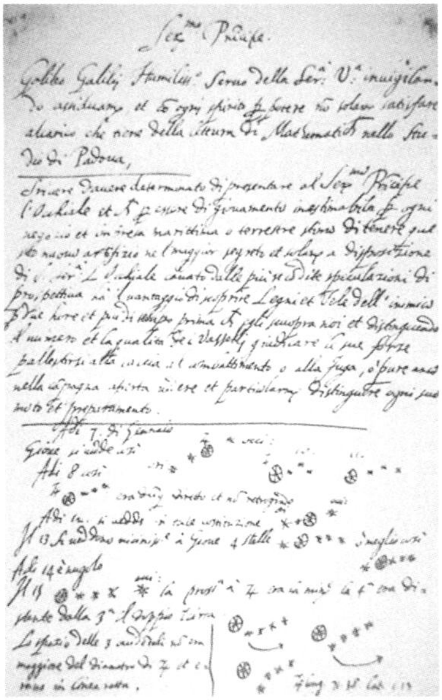

伽利略以改良過後的望遠鏡觀測天體，進而發現木星也擁有衛星。圖為伽利略記錄木星衛星的手稿。

伽利略是義大利的物理學家、天文學家。他的研究成果推動了現代科學的發展，與克卜勒同為科學革命的重要人物。此圖繪製於西元 1636 年。

日常語言；這個字來自希臘文，本意是「琥珀」，吉爾伯特發現，只要用琥珀來摩擦毛皮，就會產生吸引紙張、毛髮等特性。

●愛爾蘭人波以耳（西元一六二七～一六九一年）在西元一六六一年出版了《懷疑論的化學家》，駁斥了許多中古世紀煉金術士的謬說，他區分出化合物與混合物，界定了化學反應與分析。由於波以耳在近代化學的出色貢獻，被後世尊為「化學之父」。

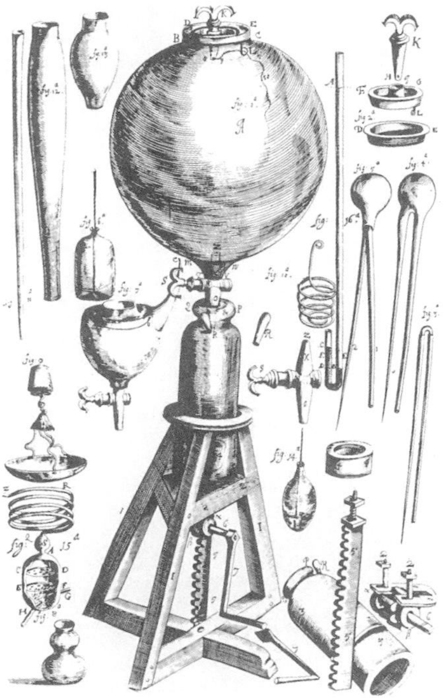

波以耳以實驗證實物質在真空的狀態下無法燃燒。圖為實驗用的真空泵，繪製於西元 1661 年。

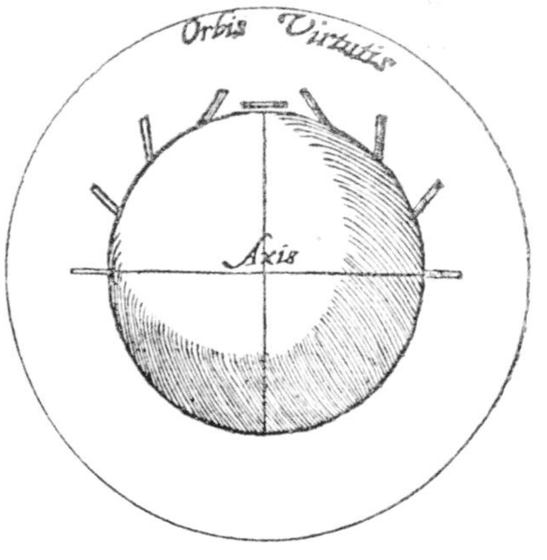

吉爾伯特是英國物理學家，著有《論磁石》。他曾以小型磁化模型球進行實驗，並推斷出地球本身是巨大的磁場。

●西元一七六六年，英國化學家卡文迪西（西元一七三一～一八一〇年）發現了「氫」。「氧」的發現者是誰就有爭議了，一個比較普遍的說法是，「氧」最早是由瑞典化學家舍勒（西元一七四二～一七八六年）在西元一七七三年發現的。

●法國化學家拉瓦節（西元一七四三～一七九四年），被稱為「化學中的牛頓」，他證明了燃燒與呼吸均與氧化有關，認為生命自身就是一個化學過程，並因

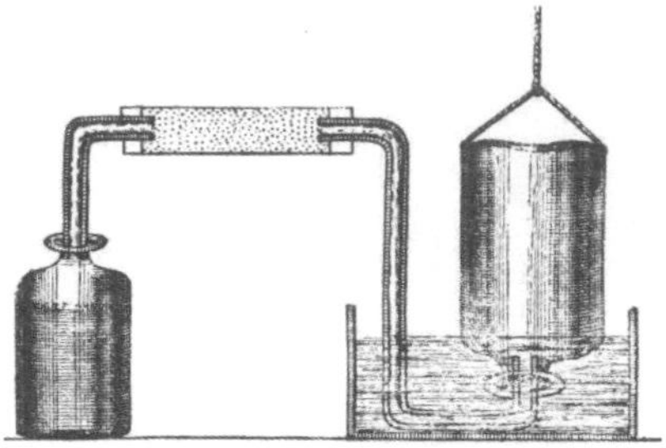

卡文迪西為氫氣的發現者，他以排水集氣法收集氫氣，並深入研究氫氣的性質。圖為製取氫氣的裝置。

斯德哥爾摩化學家舍勒的塑像，展現出他正在進行物質於氧氣中燃燒的實驗。

拉瓦節，法國貴族以及化學家，他確立以氧為中心的燃燒理論，發現物質不滅定律，以嚴謹的科學方法推動近代化學的建立。圖為拉瓦節夫婦。

發現物質不滅定律而創立定量化學。

●在生物科學方面，英國科學家虎克（西元一六三五～一七〇三）發現了植物的細胞結構；義大利人馬爾匹吉（西元一六二八～一六九四年）展示出植物的性別，以「動物的肺」來比喻植物的葉片，並因發現毛細管中有血而證實了循環的理論。

●解剖學也是在西元第十六和十七世紀奠定的基礎。義大利教授佛塞里（西元一五一四～一五六四年）在西元一五四三年出版《人體結構》，糾正了一些過去的錯誤觀念。西元一六二八年，英國醫生暨生理學家哈維（西元一五七八～一六五七年）出版了《論心臟運動》，提出血液是循環運行的觀點，

哈維，英國醫師，以動物實驗的結果驗證血液循環的現象。圖為西元 1957 年蘇聯發行紀念郵票上的哈維畫像。

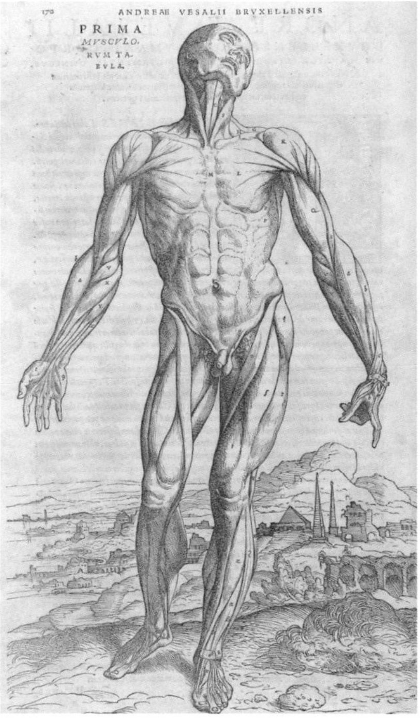

《人體的構造》書中的人體正面的肌肉構造圖。

同時，心臟的節律性持續搏動，是促使血液在全身循環流動的動力源泉。此書一出，震驚了當時的醫學界和生理學界。

●在醫學方面，由於一般人都對外科醫生懷有成見，醫學在西元第十七世紀的進展不大，一直到西元第十八世紀中葉，醫學院解剖人體時都還會擔心受怕，隨時都有被暴民搗毀的危險。不過，到了十八世紀以後，醫學逐漸發展起來，譬如量測血壓、靠驗屍來確定死因、用接種（種痘）的辦法來防止天花等等，都是在這個時候所發展出來的。

●地質學也是在西元第十八世紀臻於成熟，最突出的成就當屬蘇格蘭科學家赫頓（西元一七二六～一七九七年）在西元一七八五年提出的「一致假說」，大意是說過去的地質變化其實與現在並無二致，就像地球現在也正不斷受到風蝕、河流和內部變動等影響而漸漸在改變，只不過我們的肉眼看不出這些極細微的變化罷了。

●當然，我們不可能忘了英國發明家瓦特（西元一七三六～一八一九年）的偉大貢獻。西元一七七六年，瓦特在前人的基礎之上，製造出世界上第一臺有實用價值的蒸汽機，接下來又經過

發明家瓦特改良蒸汽機，使蒸汽機具備實用價值，對後續工業革命產生重要的影響。圖為西元 1855 年畫作《瓦特與蒸汽機》。

一系列的改進，使之成為「萬能的原動機」，這項技術後來廣泛的應用於工業，徹底改變了人們的工作生產方式，也拉開了工業革命的序幕。

「科學的世界觀」興起之後，西方社會遂更加趨於現代化，而科學革命對於人類的思想也發生了極為深遠的影響，比方說，加強了源自希臘的自然律哲學，認為宇宙是有秩序且和諧的，包括有其自然的公道與正義。那麼，如何建立一個井然有序、合理的、平衡的、沒有紛爭的世界，就像科學所顯示的物理世界那樣，就成了很多思想家潛心思考的問題。

2 哲學政治思想及其他

近代西方哲學肇始於西元第十七世紀，哲學的兩大主要派別（「經驗論」和「理性論」）以及其他一些重要的哲學理論，都是在這個時期所形成的。

我們先來了解一下「經驗論」（或稱「經驗主義」）。英國哲學家約翰·洛克（西元一六三二～一七〇四年）是「經驗論」的巨擘，他被西元第十八世紀的人們視為理性的先知。

「經驗論」很重視歸納法。洛克認為沒有什麼所謂先天的觀念，一切觀念都是後天的，都是來自於經驗。經驗有兩種，外在的和內在的，前者來自於我們的五種感官，也就是所謂的「感覺」，後者則來自於思考，是由心裡各種作用所產生，就是所謂的反省，也包括想像、記憶等等。總之，一切的觀念都是由外在和內在經驗的各種結合而產生，所有的知識也都是來自於經驗。經驗為一切觀念之始，也是一切知識之本。

而「理性論」（或稱「理性主義」）則著重演繹法，認為知識的根源在經驗之前，強調理性在求知中的重要性。

近代西方哲學家中有三大理性主義者，分別是法國的笛卡兒、荷蘭的斯賓諾沙（西

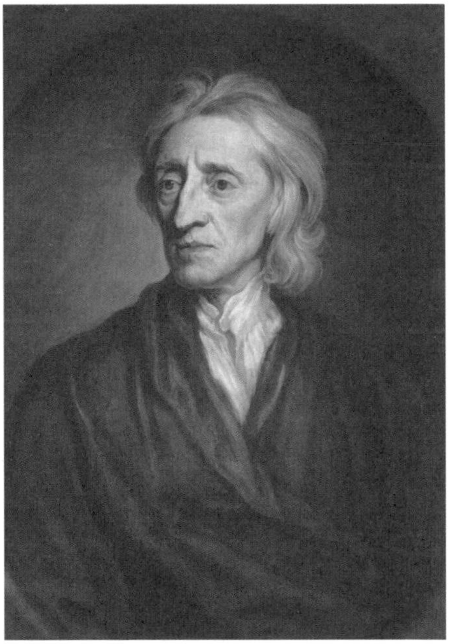

洛克，英國政治哲學家，英國古典經驗論開創者，他主張一切知識以及觀念皆來自感覺及反省所得的經驗。圖為西元 1697 年繪製的洛克畫像。

斯賓諾沙，荷蘭哲學家，是重要的理性主義哲學家。

元一六三二～一六七七年）以及德國的萊布尼茲（西元一六四六～一七一六年）。

關於笛卡兒，我們在上一節已經提到過。他出身於較低階的貴族家庭，從小體弱多病，幸賴家境富裕，得以在床上早讀。笛卡兒是一個天才型的人物，是法國非常傑出的哲學家、物理學家、數學家和神學家。在哲學方面，他是「二元論」的代表。所謂「二元論」，簡單來講，就是認為我們所處的這個多樣性的世界，有兩個不分先後、彼此獨立、平行存在和發展的本源，譬如善與惡，就是同時存在的。笛卡兒是歐洲近代哲學的奠基人之一，他的哲學思想影響了好幾代的歐洲人，被德國哲學家黑格爾（西元一七七〇～一八三一年）稱為「近代哲學之父」。

萊布尼茲，德國哲學家、數學家，以「全能天才」享譽於世，是重要的理性主義哲學家。

而斯賓諾沙原為猶太人，其家族原來是在葡萄牙。他在二十四歲那年，由於思想不合傳統遭到猶太人社會的驅逐，於是移居到了荷蘭，以磨鏡片為生，艱苦度日。四十一歲那年，他原本有到德國海德堡大學擔任教授的機會，但因不肯接受「講課時不可談及宗教」的條件，所以就放棄了。

斯賓諾沙鼓吹公正、寬容、理性生活和宗教自由。他是最早提出「政治的目的是自由」的哲學家，為日後的啟蒙運動奠定了思想理論的基礎。斯賓諾沙反對君主制，認為君主制表面上維持和平，實際上是實行奴役。他也批評貴族政體，說貴族政體總是排斥其他階層的優秀者，不讓其他階層的人參與。斯賓諾沙認為只有民主制才是最優越的政體，因為只有民主政體才能保證人民的思想和言論自由，讓每個人都可以無所顧忌的表達意見。

萊布尼茲和笛卡兒一樣，也是一位通才型的人物，而且是歷史上少見的通才，被譽為「十七世紀的亞里斯多德」，在哲學和數學上的成就最大。他的父親是大學教授，去世的時候，萊布尼茲只有六歲。父親為他留下了一個私人圖書館。長大以後，萊布尼茲成了一位律師，經常往返於各大城市，他有許多數學公式都是在顛簸的馬車上所完成的。

在二十九歲左右，萊布尼茲發明了微積分，和牛頓發明微積分幾乎是同時，牛頓當時是三十二歲左右。兩人是各自獨立完成，真是一個不可思議的巧合。不過，萊布尼茲所發明的符號被普遍認為似乎更為綜合，適用的範圍也更加廣泛。

在哲學方面，萊布尼茲以「**樂觀主義**」最為著名，他認為「我們的宇宙，在某種意義上是上帝所創造的最好的一個」。

樂觀主義——是指做為一種世界觀、歷史觀和人生觀，認為理想終將成為現實，善終將戰勝惡，正義終將戰勝非正義，與「悲觀主義」是一種相對的概念。

在政治學方面，自文藝復興以來，政治學已經從神學和道德哲學中脫離出來，到了西元第十七世紀以後更因受到科學和哲學的影響而大放異彩。一方面，政治學者想用科學的分析方法來研究人類社會，希望能夠更加客觀的評估現有的政治以及社會制度，進而做出改進；另一方面，由於自然律哲學思想的興盛，使得政治理論家對於自然權利和自然律也投注了很大的注意力。

大體而言，無論是主張專制、君權神授，或者是鼓吹立憲政治，都可以從自然律哲學中取得論證來支持，不過，此時的政治理論家普遍都認為政府本身並無絕對的價值，因為政府型態只是一種手段，而不是目的。

主張專制政治的代表人物為英國的霍布斯（西元一五八八～一六七九年）。他的思想受到兩大因素的影響，一、自伽利略以來的自然科學發展，使他堅信可以依據科學定律來預測未來事物的發生；二、從英國革命和內戰，使他確認人性是自私的，人類的各

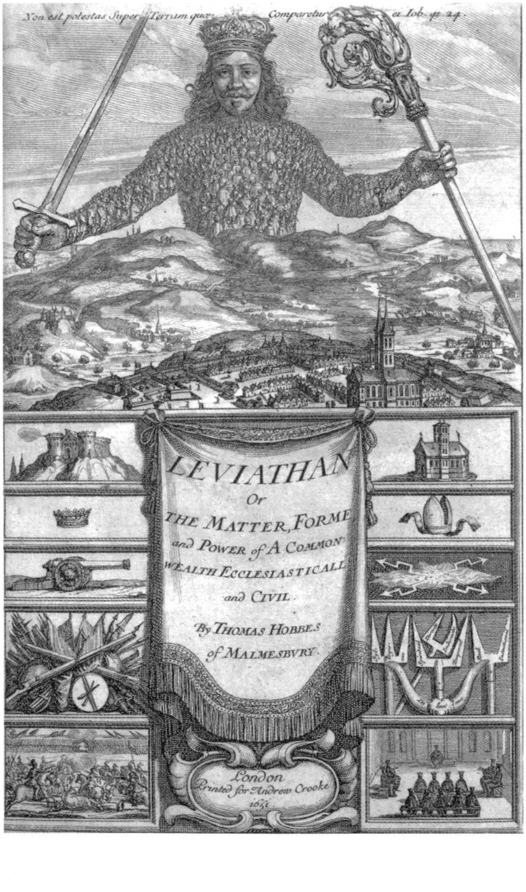

霍布斯的著作《利維坦》闡述了他對個人、社會、政府、宗教等議題的看法，是重要的政治哲學著作。

種活動包括政治行為在內，都是出於對安全和自保的需要。

霍布斯認為，在政府還沒有組成之前是屬於一種自然狀態，這是一種充滿紛爭和混亂的局面，而人類又沒有自治的能力，因此大家同意將自己的個人權力交出來，交付給某一個人或是某一個集團，讓對方或是那個集團做為主權者來統治他們，而這個主權者必須擁有不受限制的絕對權力，如此才能維持秩序。

霍布斯還指出，君主政體是一種最理想的政體，因為只有在君主政體中，政府和主權最能合而為一。由於主權是正義的泉源和法律的創造者，所以任何人都不得干預主權者或政府的行動，這是危險的，可能會再次帶來混亂的時代。

在此時期，當然也有人主張憲政，譬如英國清教徒詩人密爾頓（西元一六〇八～一六七四年）。密爾頓主張人人生而自由，雖然是自發性的將威權交付給君主，可並不是百分之百的交付，而是仍然保留了一般主權，可以選戴和罷黜國王。不過，他也不贊同人人皆可參與政府，認為選民應該以有品德和有功勞的人為限。

另外，倡導憲政最力的應該是英國人洛克，也就是我們前面所提到過的那位英國哲學家。和霍布斯一樣，洛克也認為在政府組成之前有「自然狀態」的存在，每個人身在其中都是絕對自由和平等的，同時也都是獨立的，唯一的法律是自然律。洛克主張政府只有在取得被統治者的同意，並且保障人民擁有生命、自由和財產的自然權利時，「社會契約」才會成立，其統治才有正當性，如果缺乏了這種同意，人民便有權推翻政府。

洛克的思想對於後代政治哲學的發展產生了巨大的影響，被廣泛視為啟蒙時代最具影響力的思想家和自由主義者。他的著作深深影響了西元第十八世紀法國兩位非常重要的思想家，那就是伏爾泰和盧梭（見下節），也深深影響了許多蘇格蘭啟蒙運動的思想家，以及富蘭克林（西元一七〇六～一七九〇年）、傑佛遜等美國開國元勛。在傑佛遜所負責起草的那篇獨立宣言裡，洛克的思想可說是躍然紙上，貫穿其中。

洛克認為儘管反抗政府是危險的，但總比被奴役好，同時，人民必須合乎理性，只有理性的人才有資格享有政治自由。此外，洛克也強調，自由不是任意胡為，而是能夠不受他人脅迫的自由行動，只有理性而又負責的動物才有資格行使真正的自由；有鑒於人是可以經由

盧梭在著作《社會契約論》中提出「主權在民」以及「社會契約」的觀點，是政治哲學的經典著作。

伏爾泰，法國啟蒙運動思想家，反對君主制度、批判天主教教會、主張言論自由，被尊為「法蘭西思想之父」。

教育變為有理性且負責任，因此人們能夠、而且應該是自由的。

3 啟蒙運動

西元第十八世紀是啟蒙時代。「啟蒙」一詞，原本是指啟迪、啟發、開導、開明之意，後來也被用來專指十八世紀歐洲的啟蒙運動。

不過，啟蒙運動實際上在十七世紀末就已經開始（尤其是在英國），只是到了十八世紀以後才普遍展開，進入高潮。這個運動的本質，是把十七世紀有關科學和思想革命的成果加以普遍化，將培根、笛卡兒、斯賓諾沙、洛克、牛頓等人的思想介紹給大眾，同時也使得自然律哲學獲得廣泛的傳播。

傳播這些啟蒙思想的人被稱為「哲士」（philosophes），這個詞源自法文，現用來專指啟蒙時代的「哲學家」，而「philosophy」則指「哲學、思想體系」。在西元第十八世紀，「哲士」和我們現在所說的「哲學家」的概念不同，比較像是為公眾寫作的通俗作家，當時無論是中產階級或是貴族，都有頗高的求知慾，想要了解新知，於是這些哲士就靠著傳播啟蒙思想維生，不必再像過去那樣，非得靠著什麼豪門王室或者宗教社團的資助才能生存。

法國是啟蒙運動的大本營，在西元第十八世紀，法國學者的聲名和影響力深入到整個歐洲，法語成為各國學院的共同語言。儘管英國也很重要，畢竟培根、牛頓和洛克等人在啟蒙思想中有著不容否認的地位，英國的財富和國勢也相當興隆，但巴黎仍是當時歐洲的文化中心，這一點是無須爭議的。

歐洲各國知名的作家和思想家，只要來到巴黎，都會受到熱烈的接待，一些由名媛在自己家中所主持的「沙龍」也很時興，作家或哲士往往都頗熱衷於出席這樣的活動，然後海闊天空的談論各式各樣的問題，大家進行腦力激蕩，智慧的火花就這樣不拘形式的互相碰撞，參與者若有一些機智的反應，或是雋永的話語，很快就會聲名大噪。

在西元第十八世紀，最富盛名的哲士有三位，都是法國人。

喬芙蘭夫人是法國知名的沙龍主辦人，多位思想家皆曾為其座上賓。此圖繪於西元1755年。

◆——孟德斯鳩

孟德斯鳩（西元一六八九～一七五五年）出身於一個貴族法官家庭，後來做過政府的司法長官，是一位傑出的政治哲學家。他在四十五歲時寫了一本《論羅馬人的偉大與衰落》。孟德斯鳩在書中指出，什麼是歷史呢？歷史就是變遷的故事，法律、制度和政權都會隨著物理和經濟的環境而變遷，亦會隨著社會的變化而變化。

在孟德斯鳩所有的著作當中，影響後世最深的當屬《法意》，這是他五十九歲那年所出版的。孟德斯鳩在《法意》中試圖為人類的政治制度尋求最好的解說。

什麼是自由？孟德斯鳩認為，自由不是任意胡為，而是能夠不受他人脅迫的自由行動，只有理性而又負責的動物才有資格行使真正的自由。孟德斯鳩很

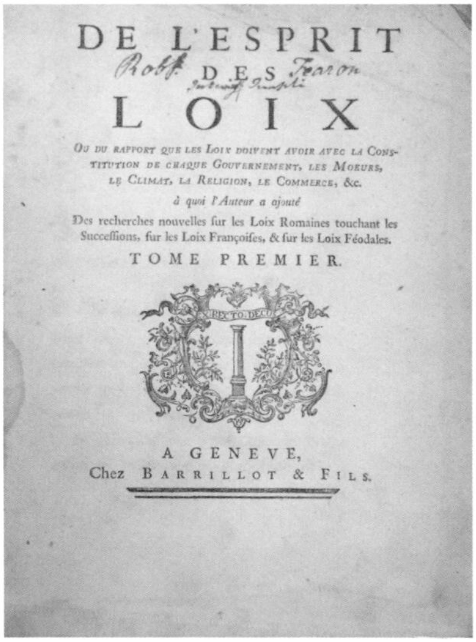

孟德斯鳩在《法意》（又譯《論法的精神》）書中提出了「三權分立」的概念，影響後續諸多國家憲法的誕生。

孟德斯鳩，法國啟蒙運動思想家，提出著名的權力分立原則，推動國家學說的發展。

重視法則，但也承認社會的法則與科學的法則不同，社會法則會隨著各地不同情況而展現出不一樣的面貌，也就是說，孟德斯鳩不認為世上會有一種適用於各個民族、各種情況的政府型態，因為政治制度必須適應自然環境和社會條件。他還進一步指出，君主專制政體適合疆域廣大或者地理位置處於炎熱氣候的國家，共和政體適合規模比較小的國家，君主立憲則適合中等規模的國家。

孟德斯鳩第二個重要的政治觀念就是「分權說」。他認為人都有濫用權力的自然傾向，不管是什麼樣型態的政府最後都終將流於暴虐，因此他主張三權（立法權、行政權和司法權）分立，而且三方面能夠互相制衡，如此才能保障人民的權利。

後來在西元第十八世紀末的美國憲法、法國憲法、普魯士法典以及種種近代憲法，都接受了孟德斯鳩「分權說」的思想。

◆伏爾泰

伏爾泰（西元一六九四～一七七八年）本名阿魯艾，「伏爾泰」是他從二十四歲開始所使用的筆名。他出身中產階級家庭，父親為律師。伏爾泰因為繼承先人財產，再加上極富投資理財的頭腦，在三十多歲的時候就已經擁有巨資。

他頗為長壽，享年八十四歲，一生當中多次被迫離開法國，還不止一次被丟進巴士底監獄。第一次入獄是在他二十三歲的時候，當時是因為他用諷刺韻文攻擊政府而被捕。

伏爾泰的著作很多，寫作領域相當廣泛，包括詩歌、戲劇、小說、歷史、政論等等，以機智、詼諧、明快的文風著稱。他的哲學小說很受歡迎，代表作是《憨第德》（或譯《老實人》），是一本諷刺樂觀主義的作品。

伏爾泰的哲學是以理性主義和懷疑主義為基礎。他非常珍視個人自由，也非常強調寬容，曾經說：「我不同意你所說的，但我要誓死維護你有表示意見的權利。」這是伏爾泰一回在寫信給一個與自己意見相左的人所寫下的句子，後來成了伏爾泰的名言，直到現在還經常被引用。

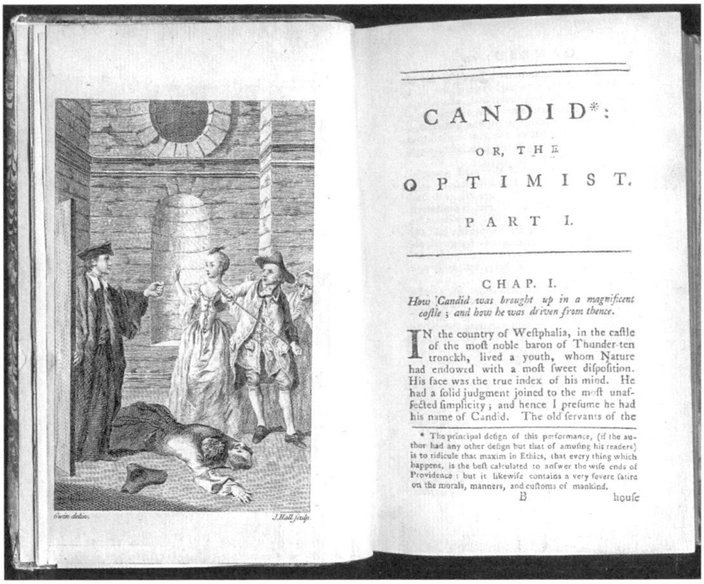

CANDID*:

OR, THE

OPTIMIST.

PART I.

CHAP. I.

How Candid was brought up in a magnificent castle; and how he was driven from thence.

IN the country of Westphalia, in the castle of the most noble baron of Thunder-ten-tronckh, lived a youth, whom Nature had endowed with a most sweet disposition. His face was the true index of his mind. He had a solid judgment joined to the most unaffected simplicity; and hence I presume he had his name of Candid. The old servants of the

* The principal design of this performance, (if the author had any other design but that of amusing his readers) is to ridicule that maxim in Ethics, that every thing which happens, is the best calculated to answer the wise ends of Providence: but it likewise contains a very severe satire on the morals, manners, and customs of mankind.

B house

伏爾泰《憨第德》以譏諷的手法抨擊當時的宗教與思想。圖為西元 1762 年英譯版的內頁。

盧梭

盧梭（西元一七一二～一七七八年）出生在日內瓦，出身微賤。盧梭的母親因為難產而死，或許就是因為這樣的緣故，父親很不喜歡他，在他十歲的時候就拋棄了他。從十六歲開始，盧梭就離開日內瓦到處流浪，以抄寫樂譜為生。二十九歲時，他來到巴黎，但謀生困難，始終難以安居，使他經常感歎好人在現存社會中是無法得到快樂的。盧梭相當敏感，又容易猜忌，性格上的弱點使他很難社會化，但其實他又很需要朋友。

在盧梭的著作中，影響後世最大的一本書，當首推他在五十歲那年出版的《民約論》。在這本書裡，盧梭雖然也認同人類的「自然狀態」是像霍布斯所形容的那樣，屬於一種沒有法律和道德的狀態，解決大家糾紛的唯一辦法便是以社會契約的方式來建立國家社會，把個人的權利交付出來。不過，盧梭所發展出來的「主權」觀念和洛克等人很不同，洛克認為人們是僅僅將部分主權交付給政府，盧梭則認為「主權」是不可分割的，而且是在國家社會建立以後就屬於全體人民。

其次，盧梭認為所謂的「契約」並不是人民與統治者之間的協定，而是人民彼此之間的協定。每個人在接受社會契約以後，便將自己的權利交給人民整體，把個人意志併入了「普遍意志」當中，這個「普遍意志」就是主權者，是絕對的，也是神聖不可侵犯的，政府只是國家的執行者，功能不在於制定「普遍意志」，而是執行「普遍意志」。

有些吊詭的是，或許因為盧梭很少談及政府結構，對於代議政治也沒有什麼好感，對一些關鍵問題又交代不清，以至於他的學說竟然似乎可以同時適用於民主和獨裁政治，兩者都可以從盧梭的理論中找到依據；民主國家固然可以振振有詞的引用盧梭所言，認同「普遍意志」便是主權在民，但獨裁者也可同樣援引盧梭的話，聲稱自己是「普遍意志」的代言人或是詮釋者。

不過，大體而言，一般後世還是認定盧梭是民主政治的先導者。此外，對於當時大多數人都很相信的「進步論」（簡單來說，就是相信在歷史的進程中，人類的生存狀態會一直穩步前進），盧梭是表示懷疑的；他認為，儘管人性是良善的，但是會被文明所腐化，文明實為許多罪惡之源。

此外，盧梭還有一本與教育有關的著作也相當重要，就是與《民約論》同年出版的《愛彌兒》，盧梭在這本書裡大力鼓吹發揮兒童感興趣的自由教育。

經濟思想

在啟蒙運動時期的經濟思想也很可觀。第一個發展出完整經濟理論的是「重農學派」，創始人是曾經做過路易十五醫師的魁奈（西元一六九四～一七七四年）。「重農學派」主張所有財富均來自農業，因此農業是最重要的。他們的口號是「自由放任，聽其自然」，主張政府不必干預經濟活動，應止於維護人民生命財產的安全。

另外一位一定要介紹的就是英國的亞當·斯密（西元一七二三～一七九〇年），儘管他的思想要到西元第十九世紀以後才會真正發生重大的影響，但如果稱他為啟蒙時代的經濟思想大師，他絕對是當之無愧。

亞當·斯密是大學教授，教授過英國文學和邏輯學，早年就對政治經濟頗感興趣，不過直到五十一歲那年旅居法國之後，才真正進行這方面的研究。他在法國待了兩年，五十三歲時出版《國富論》，後來被公認為是經濟學的偉大著作。

亞當·斯密主張「勞動」才是財富的真正來源，以及價值的最後認定標準。

亞當·斯密，古典經濟學家，著有《國富論》、《道德情操論》。「看不見的手」是古典經濟學著名的隱喻。

他認為每個人都會基於自身利益，主動去改善自己的生存狀態，最終不必靠什麼控制或是指導就能達到社會的和諧，「就彷彿有一隻看不見的手在調節一樣」，所以，只要任由每個人去追求自己的利益，最後的結果就是整個社會都會因此受惠。

此外，亞當．斯密還有很多重要的看法，譬如，他認為應該把利潤用來擴充生產，創造就業機會，增加國家收入；鼓吹自由貿易，但同時也接受自由放任的原則；政府的施政重點應該在防止任何的不公平，要促進教育和保障公共衛生，也要維持一些不適合讓私人資本來經營的企業等等。

政治實務

在政治實務方面，西元第十八世紀是一個開明專制的時代，各國君主在啟蒙時代思潮的影響之下，紛紛都願意脫下君權神授的外衣，站在開明無私和造福人民的立場上來理政。

頗為諷刺的是，法國雖然是啟蒙運動的中心，但是開明專制卻執行得最不成功。這是因為就像我們在講述法國大革命時曾經提到過的，開明專制政體想要實施得好，必須有一位大有為的君主，再加上一些具有政治家胸懷的大臣來互相配合，而非短視近利的政客，可是法國在路易十四死後就已不再有這樣的條件。

更何況標榜開明專制的君主們，在言行上也都不免有些矛盾，比方說，雖然讚賞孟德斯鳩，卻不願接受分權制衡的概念；雖然表揚伏爾泰宗教寬容的理念，但目的只是為了削弱教會；雖然也認同改革，但堅持所謂的改革應該由上而下，而非由下而上……掌權者這樣的態度，再加上舊勢力的阻擋，自然也就很難有什麼長久的效果。只不過當時確實有很多歐洲的君主接受了時代的思潮，而主動做出了一些改革，就這一點來說，還是不無可取之處。

啟蒙運動的影響

啟蒙運動所產生的思潮，影響力著實是非常驚人，很多史家都認為直接導致了美國獨立戰爭和法國大革命。就拿法國大革命來說，關於為什麼會發生這場石破天驚的大革命，法國有句民諺如此總結：「都是伏爾泰的錯，都是盧梭的錯。」意思是說，這場大革命在老百姓真正採取實際行動之前，其實已經在大家的腦海中形成了，言下之意也就是強調了法國大革命有其一定的思想背景。

總結啟蒙運動的主要思潮，大致有以下幾個：

●**理性主義**。這是指文化上的理性主義，認為藉著理性的思維推理，既可以了解自然和人生的奧秘，也可以克服人性中的一切弱點，而建立一個完美的社會。於是啟蒙時代又被稱為「理性時代」。

●**崇拜自然律**。從大自然所呈現出來的秩序與和諧，讓人相信世間應該也有一些放諸四海而皆准的準則。

●**相信進步論**。從西元第十八世紀以後，這幾乎可以說成了西方人共同的信念，相信人類社會和生活會與時俱進，一代比一代好。

●**重視教育**。相信知識自由和教育完備更能防止犯罪。

●**宗教寬容**。在許多哲士們不斷抨擊宗教狂熱和宗教迫害之後，宗教寬容漸漸成為一種普世價值，人道主義和寬容精神亦隨之而起。

4 藝術與文學

西元第十七和十八世紀，藝術與文學的發展也相當輝煌。

十七世紀在藝術上最重要、最突出的，就是所謂的「巴洛克」風格，這個名詞最初是指一種新型的建築，後來泛指在此時期的一種藝術型態，或者說藝術風格。這種風格最大的特色就是氣象宏偉，富麗燦爛，在西元第十六世紀下半葉發源自義大利，後來傳入法國，再傳播到歐洲其他地區。

建築

以建築來說，巴洛克建築的特點是雄偉、雕琢和裝飾華美，喜歡廣泛且大量使用古典的元素，譬如圓頂、柱子、拱門、神話故事的雕景等等，並且熱衷於配上鍍金、銀飾和明鏡，雕刻與繪畫往往在其中占著重要的地位，同時，由於很重視建築物與環境的配合，連帶也講求景觀設計和城市計畫。

在歐陸地區，有很多宮殿和公共建築物都是採取巴洛克風格，其中最為著名的當屬法國動員了三萬工人所興建的凡爾賽宮。

進入西元第十八世紀以後，在法國，另外一種風格繼之而起，叫做「洛可可」，最初是為了反對宮廷的繁文縟節而興起，可謂是巴洛克式一種更為典雅和精緻的發展。「洛可可」風格講究室內布置，經常採用渦卷之類的設計，喜歡用花木及家具做為裝飾，還挺注重中國風，對中國藝術相當狂熱。

洛可可風的桌案設計圖。

洛可可式建築風格，以典雅、清新為主。洛可可式建築保留巴洛克式建築的華麗，但使用溫和的色調取代原本巴洛克式建築嚴肅的氛圍。

英國建築則是採「**喬治式**」，重視勻稱，保持了古典的風味，喜歡廣泛採用磚和石，並且喜歡用比較大的門窗方格和壁爐來裝飾房間。在此時期的美國也興建了很多具有同樣風格的建築，被稱做「殖民式」。

到了西元第十八世紀末，又回到希臘和羅馬的風格，被稱為「新古典主義」。

不僅僅是建築，西元第十七、十八世紀的其他藝術活動幾乎也都是呈現出這樣的規律，一開始是「巴洛克」，接著是「洛可可」，然後再回歸到希臘羅馬風格的「新古典主義」。

新古典者主義以回歸古希臘羅馬為主。圖為歷史風景畫家保羅· 帕尼尼於西元 1754 年的畫作《羅馬遺跡與雕塑》。

喬治式——這是指四個喬治時代，從西元一七一四～一八三〇年，特別是喬治一世至喬治三世時期（西元一七一四～一八二〇年）。美國獨立戰爭是發生在喬治三世（西元一七三八～一八二〇年）時期。

音樂

我們再來看看這個時期的音樂。

為了配合宮廷和教會的需要，音樂乃有「巴洛克」的色彩。最具代表性的是兩位德國的音樂家，一位是管風琴演奏家、指揮家和作曲家，被稱為「西方近代音樂之父」的巴赫（又譯「巴哈」，西元一六八五～一七五〇年），另外一位是歌劇作曲家韓德爾（西元一六八五～一七五九年）。韓德爾享年七十四歲，從二十七歲以後就一直待在英國，在英國定居近半個世紀，最後在英國終老，所以也有很多資料說他是英國籍。他對英國音樂產生了很大的影響。

音樂形式也大為發展，譬如奏鳴曲、交響樂等等，這主要應歸功於一位奧地利的作曲家海頓（西元一七三二～一八〇九年）。海頓被稱為「交響曲之父」、「弦樂四重奏之父」。

韓德爾是巴洛克時期的音樂家。他曾為英王喬治一世製作《水上音樂》一曲。

奧地利還有另外一位非常重要的作曲家莫札特（西元一七五六～一七九一年），四歲開始學習作曲，七歲時就能當眾演奏，被稱為「音樂神童」。他是一個多產的天才，雖然生命只有短短三十五個年頭，最後十年是在維也納專事創作，為世人留下豐富且出色的作品，並總括了當時所有的音樂類型，譬如歌劇、奏鳴曲、交響樂、協奏曲、小夜曲等。莫札特樂於接受傳統的曲式，並總能夠對其做巧妙的處理，他在音樂史上的重要性就在於重塑並且定義了古典音樂。

文學、戲劇

西元第十七、十八世紀是偉大的散文時代，英國的洛克、吉朋、亞當．斯密，以及法國的伏爾泰、孟德斯鳩、盧梭等等都是散文家，連所寫的詩也有

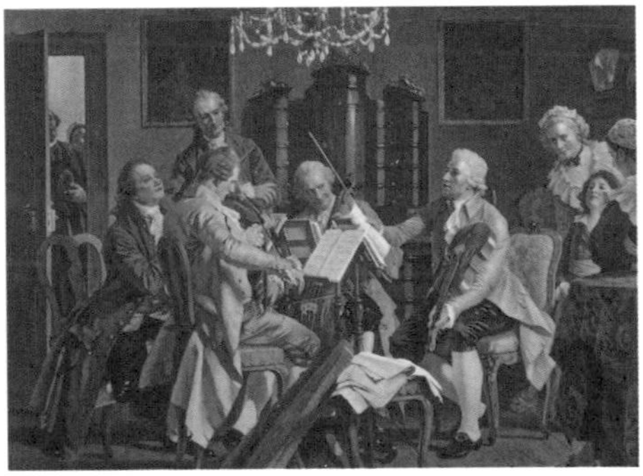

海頓，奧地利作曲家，被譽為「交響樂之父」。圖為海頓演奏其譜之《四重奏》。

音樂神童莫札特據說四歲就能作曲。此圖是匿名畫作，表現出幼年的莫札特。

了散文的味道。史詩寫作最具代表性的就是英國的密爾頓，《失樂園》、《重獲樂園》都是他的名作。

一般而言，這個時期的文學表現出高度的古典主義，而且不僅僅是推崇古典形式，也很重視理性。法國尤為古典文學的故鄉。

這個時期的小說也大有發展。在第十八世紀上半葉（西元一七一九年）出版的《魯賓遜漂流記》已經有相當寫實的效果，被評價為「撒謊就像真的一樣」，這本書的作者是英國作家狄福（西元一六六〇～一七三一年）。七年後愛爾蘭作家斯威夫特（西元一六六七～一七四五年）的《格列佛遊記》出版，也是一部優秀的諷刺之作。

接下去，經過二十幾年的發展，到西元第十八世紀中葉，菲爾丁（西元一七〇七～一七五四年）的《湯姆·瓊斯》（西元一七四九年出版），被公認是英國小說中有著最完美情節的作品。菲爾丁是

斯威夫特創作的《格列佛遊記》，以虛構的故事諷刺英國當時的政治與社會。圖為其中的〈小人國遊記〉。

英國第一個用完整的小說理論來從事創作的作家。

戲劇在這個時期也頗為發達，除了我們在第三章中曾經提到過的法國作家莫里哀之外，在英國、愛爾蘭也有其他不少出色的作家。值得一提的是，在此時期，喜劇的表現相當亮眼，悲劇作品則明顯要平淡許多，一些重要作家幾乎都是寫喜劇的能手。

史學

最後，我們要介紹一下史學。這個時期的史學有相當不錯的成績，首先要介紹的是義大利學者維柯（西元一六六八～一七四四年），他試圖把科學方法用於史學研究，發展出文明的循環論，認為社會有三個階段，分別是神權政治、貴族政治和民主政治，每一個階段都含有其自我毀滅的種子。

英國史學家吉朋的《羅馬帝國衰亡史》，是此時期歐洲啟蒙時代史學的卓越代表作品。

吉朋（西元一七三七～一七九四年）出生於倫敦附近普特尼鎮一個富有的家庭，其家族在西元第十四世紀就已經擁有了土地，到了十六世紀後期，其遠祖已

吉朋，英國歷史學家，著有《羅馬帝國衰亡史》。這套書被視為史學界的經典著作，自出版以來讚譽不斷。

經獲得仕紳的稱號。他的父親是國會議員，母親一共生了七個孩子，吉朋是長子，也是唯一存活下來的孩子，其他的手足都不幸早早就夭亡了，但吉朋從小也是體弱多病，不止一次跟死神擦肩而過。

十歲那年，母親過世。失去母親的打擊，再加上父親的嚴厲管教，使得他小小年紀就磨練出頑強不屈的意志，也形成了沉默內向的性格。吉朋自幼就喜歡讀書，特別喜歡史學。

三十三歲那年，父親也過世了，在忙完父親的喪事以後，吉朋就在倫敦定居下來，開始專心寫作。最初，吉朋是想把寫作主題局限在羅馬這個城市的衰亡歷史，但不久就決定要把範圍擴大，寫一部關於整個羅馬帝國的衰亡史。

最後他完成了《羅馬帝國衰亡史》，全書六卷，分七十一章，一共一百二十多萬字。西元一七七六年，這套巨著出版，立刻轟動了英國文壇，被形容為是當時學術界的一件大事，這年吉朋三十九歲。

吉朋認為，羅馬帝國衰亡的關鍵在於野蠻民族的入侵，以及基督教的勝利。他在這套書裡也流露出啟蒙思想普遍的樂觀態度，認為在理性主義的支配下，人類便能避免古人所犯的過錯，而創造出理想的時代。吉朋相信大規模的戰爭也因此將告絕跡。

第七章　兩個補充

十七、十八世紀還有兩個值得注意的亮點：
一是庫克船長的三次大航海，船隊深入太平洋，
為太平洋島嶼繪製大量地圖，採集數千件植物標本，
他的探索，比過去那些偉大的航海家更具備科學信息。
另一是亞洲清帝國的康雍乾盛世，
國力達於鼎盛，社會、經濟、文化都更上一層樓，
但後期吏治敗壞，而閉關鎖國的政策更是拉大了和西方的差距……

在這一卷進入尾聲的時候，有兩個主題需要補充一下。

1 庫克船長

西元一七七九年三月，當美國獨立戰爭正進行得如火如荼之際，富蘭克林曾經特別鄭重向美方所有戰艦發出指示，說即使現在他們正在和英軍作戰，但是如果遇上英國庫克船長的船隻，請務必友善對待，不應視為敵人，更不應該對其做不必要的扣留。

庫克船長是誰？他就是詹姆斯・庫克（西元一七二八～一七七九年），一位英國皇家海軍軍官，也是西元第十八世紀的傑出航海家和探險家，更是一位優秀的製圖師。他曾經三度奉命出海前往太平洋，帶領船員成為首批登陸澳洲東岸和夏威夷群島的歐洲人，同時也創下首次有歐洲船隻環繞紐西蘭航行的記錄。

英國探險家庫克船長，曾多次探索大洋洲地區，留有許多探險紀錄，後來死於夏威夷。

庫克船長的成就不止是在英國備受景仰，可以說是受到整個西方世界的肯定，這也是為什麼富蘭克林會對美方戰艦做出那番指示、生怕會誤傷了庫克船長的原因。遺憾的是，富蘭克林不知道，其實就在他做出這項想要保護庫克船長的指示之前大約一個月，庫克船長已經在夏威夷一場與島民的衝突中遇害，享年五十一歲。

庫克的父親是農場工人。庫克八歲時，父親任職農場的主人很好心，資助庫克去上學，庫克得以接受了五年的學校教育。他在少年時期對航海產生了興趣，去商船船隊做見習學徒，負責定期往返英格蘭沿岸各地運載煤炭。正是在見習學徒期間，庫克學習了代數學、幾何學、三角學、航海和天文學等各方面的知識，這些技能對於他日後指揮自己的船隻有極大的幫助。

等到三年見習學徒的訓練期滿以後，庫克便轉到往返於波羅的海的商船工作。二十四歲那年他通過考試，隨即在商船隊中屢獲擢升，同年就出任一艘運煤船的大副。

三年之後，英國準備動員參與「七年戰爭」，此時庫克雖然剛剛獲升為船長還不到一個月，但他還是毅然決然辭去了船長的工作，投身皇家海軍。後來，他就是在「七年戰爭」期間學會了如何使用平板儀測繪，並且展現出在測量學和地圖學方面的特殊才能，還因此立下軍功。有一次戰役就是靠著他所繪製的精確詳實的地圖，英軍才能順利展開突襲。

皇家學會——英國資助科學發展的組織，成立於西元一六六〇年，學會的宗旨是要促進自然科學的發展，是世界上歷史最悠久又從未中斷過的科學學會。

戰後，庫克替加拿大旁的紐芬蘭島製作了多張精細的地圖。這些地圖在此後近兩百年當中一直是船隻出入紐芬蘭的主要參考，直到西元第二十世紀以後才被更新的地圖所取代。

庫克繪製地圖的才能極獲海軍部和**皇家學會**的青睞，此時正值英國積極從事海外探索的時期，這大大激發了庫克的鬥志，希望能夠把握機遇，在航海事業上取得較大的成就。就在完成紐芬蘭地圖繪製的任務之後不久，庫克在日記上寫下了這麼一句話：「我打算要盡最大的可能走到最遠，而不只是比前人走得更遠而已。」

庫克心中所謂的「前人」，應該是指像哥倫布、麥哲倫等等這些在地理大發現時期的偉大航海家吧。

三十九歲那年，也就是一七六七年底，庫克返回英國。剛巧皇家學會正計畫要派出考察船前往太平洋去進行一項科考活

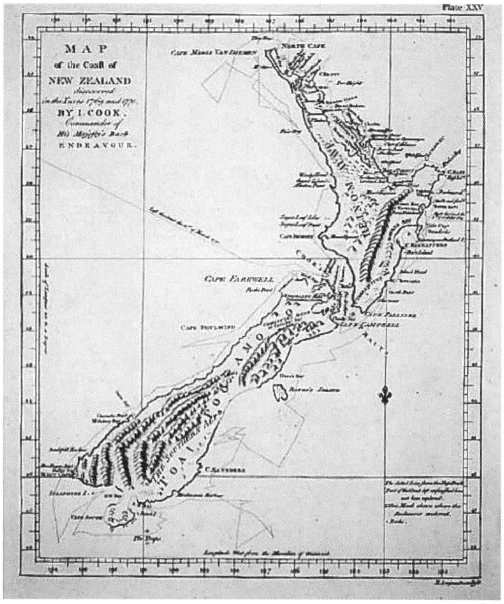

原本想尋找現今南極洲的庫克船長，於 1769 年 10 月來到紐西蘭，他們是首批繞行紐西蘭的歐洲船隊。圖為庫克船長繪製的紐西蘭地圖。

動，目標是想要測算出地球與太陽之間的距離，翌年庫克就獲得皇家學會聘用為這次考察隊的指揮，並在五月下旬獲擢升為海軍中尉。

三個月後，庫克的考察隊就帶著十八個月的補給，乘「奮進號」出發，向西橫越大西洋後，經南美洲南端的合恩角進入太平洋，最後在西元一七六九年四月中抵達位於大洋洲的大溪地。

在這次的行動中，全程沒有一個人因為壞血病而喪命，這在當時是一項少有的成就。關於壞血病的明確記載，一般認定是始於西元第十三世紀十字軍東征的時代。現代醫學已經知道如果人體缺乏維生素 C 就會引起壞血病，可過去幾百年間當大家還不了解這個病的時候，壞血病曾經頗為流行，遠程海員的情況尤為嚴重，所以有「水手的恐懼」和「海上凶神」之稱。庫克在旅途中不斷嘗試用各種方法防止船員患上壞血病，終於發現關鍵在於要經常提供充足的新鮮蔬果，尤其要經常讓船員飲用橘子汁和檸檬汁。

庫克把這項發現寫成詳細報告，提交給皇家學會，後來他因此獲皇家學會頒發最高榮譽科普利獎章做為表揚。

庫克是一位草根出身的航海家。前後共三次率領出海進行科考活動，在長達數千公里的航程中，深入太平洋地區不少當時尚未被西方知曉的地帶，如今由他

庫克船長一行抵達大溪地。

庫克船長的船隊在大溪地見證了島民的活人祭祀。

命名的地方更是遍布太平洋各地。他為太平洋島嶼所繪製的大量地圖，就精確的程度或是規模來說，也都是前人所不能及，是航海史上的一大突破。

不少參加這三次科學考察活動的科學家，也都在旅途中收穫滿滿，譬如在第一次科考活動中，有兩位植物學家就採集到超過三千件的植物標本。總之，與過去那些偉大的航海家相比，庫克的探索明顯充滿了科學的信息。

由於庫克的種種成就，使得他至今都不曾被英國人所淡忘。西元二〇〇二年，由英國廣播公司所舉辦的「英國百大偉人」選舉中，庫克船長名列第十二，排名相當靠前。

庫克船長船隊的隨行畫師筆下的復活節島，圖中的石像為復活節島的代表遺跡摩艾石像。

2 清朝前期

我們在前一章中提到過，法國在進入西元第十八世紀以後興起了一種叫做「洛可可」的藝術風格，特色之一是喜歡採用中國物品來做為裝飾，對中國藝術相當狂熱，那麼，當時的中國是處在歷史的哪一個階段呢？

答案是——清朝。

關於清朝，我們不妨先了解以下兩個基本信息：

• 這是中國歷史上最後一個封建王朝，統治者為滿洲愛新覺羅氏。

• 清朝的國祚近三百年。如果從清太祖努爾哈赤（西元一五五九～一六二六年）建立後金開始算起，總計有兩百九十六年；如果從清太宗皇太極（西元一五九二～一六四三年）改國號為清開始算起，是兩百七十六年；如果從清世祖順治皇帝（西元一六三八～一六六一年）在位時期清兵入關，建立全國性的政權開始算起，是兩百六十八年。

關於清朝前期，我們還應該知道：

• 在順治皇帝之後，繼位的是康熙皇帝（西元一六五四～一七二二年），然後是雍正皇帝（西元一六七八～一七三五年），再之後是乾隆皇帝（西元一七一一～一七九九年）。康熙皇帝在位六十一年，雍正十三年，**乾隆六十三年**，加起來總共是一百三十七年，清朝在康雍乾這三朝當中，國力達於鼎盛，在此期間，中國古代的專制政權走向了最高峰，中國的傳統社會也取得了前所未有的發展成就。

- 在清朝初年，人口增加，土地增墾，物產豐饒，邊境無事，小農經濟型態的社會生活繁榮且安定，綜合國力遠勝於漢唐。
- 清朝前期，農業和商業發達，江南出現了很多密集的商業城市，且在全國還出現了規模較大的商幫。「商幫」這個詞，以今天的概念來說就好比是民間企業的一種集合性組織，是中國一種特殊的經濟型態，以地域為中心，以血脈、鄉誼為紐帶，以「相親相助」為宗旨，大家在生活習慣相同、沒有語言障礙的情況之下，自然容易

盛世之下的榮景。《姑蘇繁華圖》（局部）。

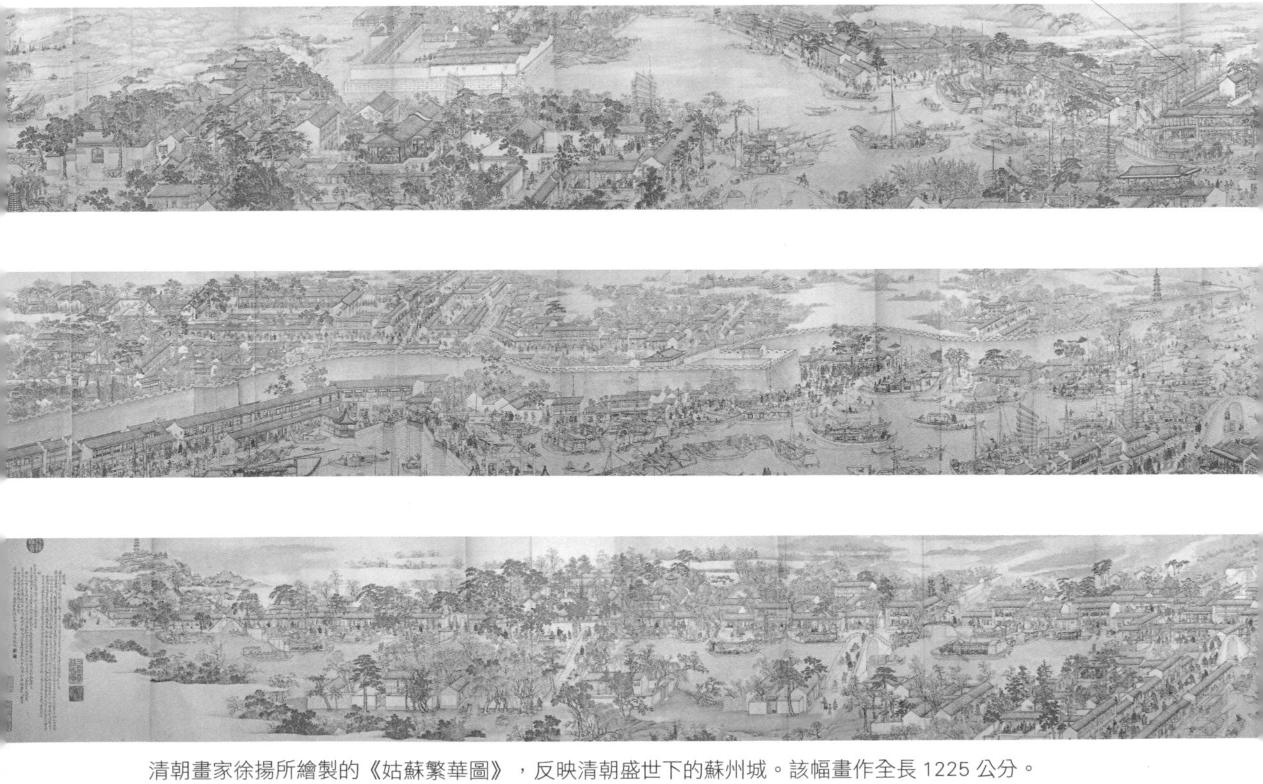

清朝畫家徐揚所繪製的《姑蘇繁華圖》，反映清朝盛世下的蘇州城。該幅畫作全長 1225 公分。

凝聚向心力，發揮出「團結力量大」的效果，譬如晉商（「晉」是山西的簡稱）、徽商（「徽」是指安徽）、浙江商幫、閩南商幫等等。商幫眾多，意味著經濟活動相當熱絡，和西方有貿易往來是非常自然的事。

透過以上簡介，我們可以知道，中國在進入西元第十七世紀時是清太宗皇太極在位時期，而乾隆皇帝過世的時候正好是十八世紀走到了頭。

對於中國來說，乾隆皇帝在位時期真是至關重要，因為此時中國正處於近代的前夕。乾隆皇帝在康熙、雍正兩朝文治武功均很了得

康熙皇帝是滿清入關後第一位掌握實權的皇帝，以輕徭薄賦的仁政著稱，為清朝的強盛打下扎實的基礎。

康熙皇帝去逝後，皇四子胤禎登基，年號為雍正。雍正皇帝於任內積極改革康熙皇帝晚年留下來的弊端，延續清朝盛世。

的基礎之上，進一步完成了國家的統一，中國做為一個統一的、多民族的（逾五十個民族）、世界大國的格局最終確定。極盛時期的清朝，疆域廣大，西抵蔥嶺和巴爾喀什湖，西北包括唐努烏梁海，北至漠北和西伯利亞，東到太平洋（包括庫頁島），南達南沙群島。

乾隆皇帝在位期間，社會經濟文化都有了更上一層樓的發展，但是後期的吏治敗壞，多地都爆發了起義，而閉關鎖國的政策更是拉大了和西方的差距，影響非常深遠。

雍正皇帝逝世後，皇四子弘曆登基，年號為乾隆。乾隆皇帝於任內推動編纂《四庫全書》、平定邊疆動亂，是清朝盛世的高峰。

乾隆六十三年——表面上乾隆皇帝在位六十年，但因他禪位之後繼續掌握大權，所以實際行使最高權力長達六十三年零四個月，是中國歷史上實際掌權時間最久的皇帝，也是最長壽的一位皇帝，享年八十八歲。

後記

歷史的轉折點

管家琪

不知道大家有沒有覺得，進入近世史以後，好像看到更多熟悉的名字，譬如伊莉莎白一世、莎士比亞、克倫威爾、路易十四、莫里哀、伏爾泰、凱薩琳大帝、莫札特……，和比較熟悉的事件，例如玫瑰戰爭、美國獨立戰爭、法國大革命、啟蒙運動……等等。很多都是經常出現在影視作品裡的人和事。看了這一卷以後，相信以後大家再從影視等媒介接觸到這些主題時，就會比較有概念了。閱讀本來就是我們認識和理解這個世界，以及欣賞其他形式藝術的基礎。

當然，也有一些原本大家可能不是那麼熟悉的主題，譬如民族王國的興起、英國議會政治的建立、詹姆士一世、約翰·洛克、盧梭、庫克船長……等等，可是這些人或事在歷史上也都頗為重要，也都是我們應該要了解的重點。

希望大家還要特別了解一下，當西方進入西元第十七世紀時，在中國是清太宗皇太極在位時期，而當乾隆皇帝過世的時候正好是十八世紀結束。

為什麼要留意這個呢？

我們一般總說，由於清朝腐敗，國力太弱，老是被西方帝國主義欺負，所以孫中山先生才會帶領一大群仁人志士從事革命，推翻清朝。但是，清朝的國祚近三百年，光是清朝前期康熙、雍正和乾隆三個皇帝加起來，一共就是一百三十七年，幾乎占了清朝一半的時間，清朝在康雍乾這三朝當中，國力達於鼎盛，是在乾隆之後才開始慢慢走向衰弱。

清朝衰弱的關鍵點到底是在哪裡呢？（當時清朝可是代表著中國。）一般普遍的說法，都說是因為錯過了工業革命。可是，不要忘記，在西元第十八世紀，如果西方沒有啟蒙運動，極可能就不會有稍後從十八世紀中葉開始興起的工業革命。關於工業革命，會是我們下一卷要講述的重點之一，到時候大家就會明白，促成西方工業革命的，其實也不僅僅是啟蒙運動而已。

無論如何，在人類文明史上，「啟蒙運動」這個階段確實是相當重要，所涉及的領域又相當廣泛，政治、經濟、學術，無所不包，光是從很多史家認為啟蒙運動直接導致了美國獨立戰爭和法國大革命，啟蒙運動的威力就可見一斑了。

參考書目

1 《世界通史》，王曾才／著，三民書局出版，二〇一八年五月增訂二版。

2 《寫給年輕人的簡明世界史》，宮布利希／著，張榮昌／譯，商周出版，二〇一八年三月二版。

3 《BBC 世界史》，安德魯．馬爾／著，邢科、汪輝／譯，遠足文化出版，二〇一八年九月二版。

4 《世界史是走出來的》，島崎晉／著，黃建育／譯，商周出版，二〇一七年五月初版。

5 《世界史年表》，李光欣／編，漢宇國際文化出版，二〇一五年八月初版。

6 《西洋通史》，王德昭／著，商務印書館出版，二〇一七年五月初版。

7 《西洋上古史》，劉增泉／著，五南圖書出版，二〇一五年八月初版。

8 《從黎明到衰頹》上、下冊，巴森／著，鄭明萱／譯，貓頭鷹出版，二〇一八年二月四版。

9 《西洋中古史》，王任光／編著，國立編譯館出版，二〇〇〇年八月初版。

10 《文藝復興時代》，王任光／著，稻鄉出版，二〇〇二年十一月初版。

11 《西洋近世史》，王曾才／編著，正中書局出版，二〇一二年四月三版。

12 《西洋現代史》，王曾才／著，東華書局出版，二〇一三年六月七版。

13 《西洋現代史》，羅伯特 · 帕克斯頓、朱莉 · 何偉／著，陳美君、陳美如／譯，聖智學習亞洲私人有限公司台灣分公司出版，二〇一六年十一月初版。

14 《影響世界歷史 100 位名人》，麥克．哈特／著，趙梅等／譯，晨星出版，二〇〇〇年十二月初版。

15 《中國通史》上、下冊，傅樂成／編著，大中國圖書出版，二〇一一年十月三十七版。

16 《中國近代史》，薛化元／編著，三民書局出版，二〇一八年二月增訂七版。

17 《中國現代史》，薛化元、李福鐘、潘光哲／編著，三民書局出版，二〇一六年二月增訂五版。

九畫

十畫

十一畫

十二畫

專有名詞中英對照

二畫

《九十五條論綱》（又稱《關於贖罪券的意義及效果的見解》）
Ninety-five Theses or Disputation on the Power and Efficacy of Indulgences

三畫

三十年戰爭　Thirty Years' War

大不列顛聯合王國
the United Kingdom of Great Britain

大溪地　Tahiti

凡爾賽宮　Palace of Versailles

凡爾登　Verdun

四畫

尤金（歐根）親王
Prince Eugene of Savoy

內閣　Cabinet

牛頓　Isaac Newton

公社　commune

丹麥與挪威國王 克里斯欽四世
King Christian IV of Denmark and Norway

巴士底監獄　The Bastille

巴拉提那　Palatinate

巴洛克　Baroque

巴赫（巴哈）　Johann Sebastian Bach

《巴黎聖母院 》
The Hunchback of Notre-Dame

五畫

瓦拉幾亞　Wallachia

瓦特　James Watt

瓦爾代丘陵　Valdai Hills

布萊梅與費爾登主教區
Duchies of Bremen and Verden

布蘭登堡　Brandenburg

布蘭登堡－普魯士
Brandenburg-Prussia

卡文迪西　Henry Cavendish

卡斯提爾女王 伊莎貝拉一世
Queen Isabella I of Castile

卡羅維茲條約　Treaty of Karlowitz

北方大戰（大北方戰爭）
The Great Northern War

仕紳　Gentry

主教戰爭　Bishops' Wars

六畫

吉朋　Edward Gibbon

吉爾伯特　William Gilbert

托利黨　the Tories

西班牙國王 菲利普二世
King Philip II of Spain

西里西亞　Silesia

西班牙無敵艦隊　The Spanish Armada

西發里亞和約　Peace of Westphalia

光榮革命　Glorious Revolution

同盟國　Central Powers

伏爾泰　Voltaire

自然律　natural law

七畫

克卜勒　Johannes Kepler

克倫威爾　Oliver Cromwell

貝爾格勒　Belgrade

呂根島　Rügen

利希留　Cardinal Richelieu

利普多灣　Gulf of Lepanto

利維（金法郎）　livres

佐倫　Zollern

佛塞里　Andreas Vesalius

伽利略　Galileo Galilei

狄福　Daniel Defoe

庇里牛斯條約　Treaty of The Pyrenees

沙龍　salon

君權神授　Divine Right

八畫

玫瑰戰爭　Wars of the Roses

拉瓦節　Antoine Lavoisier

拉辛　Jean Racine

亞里斯塔古　Aristarchus

亞拉岡國王斐迪南二世
King Ferdinand II of Aragon

亞當・斯密　Adam Smith

亞爾薩斯　Alsace

雨果　Victor-Marie Hugo

協約國　Triple Entente

虎克　Robert Hooke

帕爾　Catherine Parr

舍勒　Carl Wilhelm Scheele

金璽詔書（黃金詔書）
Golden Bull (Chrysobull)

法王后 瑪莉・德・麥地奇
Queen Marie de Medici of France

法王 亨利四世
King Henry IV of France

法王 法蘭西斯一世
King Francis I of France

法王 查理八世
King Charles VIII of France

法王 路易十一
King Louis XI of France

法王 路易十三
King Louis XIII of France

法王 路易十四
King Louis XIV of France

法王 路易十五
King Louis XV of France

法蘭德斯　Flanders

波以耳　Robert Boyle

波西米亞國王 腓特烈五世
King Frederick V of Bohemia

XBLH0007
少年愛讀世界史 卷 7
近世史 I 美國獨立與法國大革命的時代

作者｜管家琪

字畝文化創意有限公司
社長兼總編輯｜馮季眉　編輯｜戴鈺娟、陳心方、李培如　行銷編輯｜洪絹
全套資料顧問｜劉伯理　歷史學習單元撰文｜曹若梅　特約圖片編輯｜陳珮萱、楊正賢
人物漫畫｜劉 婷　地圖繪製｜廖于涵　美術設計｜黃子欽　封面設計｜ Joe Huang

出版｜字畝文化創意有限公司
發行｜遠足文化事業股份有限公司（讀書共和國出版集團）
地址｜ 231 新北市新店區民權路 108-2 號 9 樓
電話｜ (02)2218-1417
傳眞｜ (02)8667-1065
客服信箱｜ service@bookrep.com.tw
網路書店｜ www.bookrep.com.tw
團體訂購請洽業務部 (02) 2218-1417 分機 1124
法律顧問｜華洋法律事務所　蘇文生律師
製版｜軒承彩色印刷製版公司　　印製｜通南彩色印刷公司

2021 年 8 月　初版一刷　2023 年 8 月　初版三刷　定價：420 元
書號：XBLH0007
ISBN：978-986-5505-65-3

國家圖書館出版品預行編目 (CIP) 資料
少年愛讀世界史 . 卷 7, 近世史 . I : 美國獨立與法國大革命的時代 / 管家琪著 . -- 初版 . --
新北市 : 字畝文化出版 : 遠足文化事業股份有限公司發行 , 2021.05 面； 公分
ISBN 978-986-5505-65-3(平裝)
1. 世界史 2. 通俗作品
711　　110004199